KB166306

을 유 세 계 문 학 전 집 · 15

로르카 시 선집

로르카 시 선집

POEMAS

페데리코 가르시아 로르카 지음 · 민용태 옮김

❖ 을유문화사

옮긴이 **민용태**

1943년 전남 화순에서 태어났다. 한국외대 서반아어과를 졸업하고, 스페인 마드리드 대학에서 석사와 박사 학위를 받았다. 스페인 메넨데스 펠라요 국제대학, 한국외대, 고려대 교수를 역임하고 현재 고려대 명예 교수이다. 지은 책으로 『스페인 문학 탐색』, 『라틴 아메리카 문학 탐색』, 『서양 문학 속의 동양을 찾아서』, 『스페인 중남미 현대 시의 이해』, 『스페인 중세 황금 세기 문학』, 옮긴 책으로 마르케스의 『마마 그란데의 장례식』, 네루다의 『마추삐추의 산정』, 파스의 『태양의 돌』, 세르반테스의 『기발한 시골 양반 라 만차의 돈 끼호떼』 등이 있다. 1968년 『창작과비평』을 통해 시인으로 등단한 이래, 『시간의 손』, 『시비시』, 『나무 나비 나라』 등의 한국어 시집과 *A Cuerpo Limpio* (맨몸으로), *Tierra azul* (푸른 대지), *Isla* (섬) 등의 스페인어 시집이 있다. 한국 시문학상과 마차도(Machado)상을 수상했다.

을유세계문학전집 15
로르카 시 선집

발행일·2008년 12월 20일 초판 1쇄 | 2020년 12월 25일 초판 4쇄
지은이·페데리코 가르시아 로르카 | 옮긴이·민용태
펴낸이·정무영 | 펴낸곳·(주)을유문화사
창립일·1945년 12월 1일 | 주소·서울시 마포구 서교동 469-48
전화·02-733-8153 | FAX·02-732-9154 | 홈페이지·www.eulyoo.co.kr
ISBN 978-89-324-0345-8 04870 978-89-324-0330-4(세트)

차례

제2부 안달루시아 노래 칸테 혼도의 시(1921)

제1부

시 모음

(1918~1920)

풍향계

1920년 7월, 그라나다 지방 푸엔테 바케로스

남(南)에서 오는 바람,
불을 담아 가무잡잡한 바람아,
네가 내 살결에 와 닿는다
오렌지 꽃
흠뻑 젖은 너의 손길은
내게 보석 같은
빛나는 눈길의
씨앗을 가져온다.

　　　너는 달을 빨갛게 물들이고
꼼짝없이 붙잡혀 있는 백양나무들을
흐느끼게 한다, 하지만 너는
너무 늦게 온 거야!
이미 내 이야기의 밤은 말아서

책장 위에 얹어 놓았거든!

　　　바람 한 점 없어도,
내 말 좀 들어!
돌아라, 가슴아;
돌아라, 가슴아.

북(北)에서 오는 바람,
하얀 곰 바람!
네가 내 살결에 와 닿는다
북극광의 광채(光彩)에
바르르 떨며,
대장 유령들의
가빠를 걸치고
단테의 유령들을
소리쳐 비웃으며,
오, 별을 닦는 사람아!
하지만 너는
너무 늦게 온 거야.
나의 장롱은 이끼가 끼고
나는 열쇠도 잃어버렸단다.

　　　바람 한 점 없어도,

내 말 좀 들어!
돌아라, 가슴아;
돌아라, 가슴아.

아무 데서나 오는
미풍아, 땅의 정령들아, 바람들아.
피라미드같이 꽃잎을 단
장미 위 모기들아.
거친 나무들 사이에서
간신히 젖을 뗀 무역풍아,
폭풍 속의 피리들아,
나를 내버려 다오!
나의 기억은
거센 쇠사슬이 있어,
짹짹거리며 저녁을 그리던
새 한 마리도
포로가 되어 잡혀 있단다.

　　　떠나간 것들은 결코 돌아오지 않는다,
그건 세상 사람 모두가 다 알지,
그리고 저 맑은 바람님들 사이에서
불평은 쓸데없는 짓.
그렇죠, 포플러 나무님, 미풍의 선생님?

불평은 쓸데없는 짓!

　　　바람 한 점 없어도,
내 말 좀 들어!
돌아라, 가슴아;
돌아라, 가슴아.

모험가 달팽이의 체험담

1918년 12월, 그라나다

고요한 아침에
어린 시절의 다정함이 있다.
나무들은 땅에게
팔을 벌린다.
김들이 올라와 떨리는 손길로
씨앗 뿌려진 터를 덮고,
거미들은 자기들의
비단 길들을 펼친다.
— 대기의 맑은
수정 위에 금을 긋는다 —

　　　　백양나무에서는
샘물 하나가 노래를
읊조린다. 풀잎들 사이.

평화주의자이시며
오솔길의 부자 양반
달팽이는 모르는 척
겸손하게 풍경을 바라본다.
자연(自然)의 성스러운
고요가 그에게
용기와 믿음을 주었다.
그는 집안의 슬픔들을
잠시 잊고, 그 오솔길이
끝나는 데를 보고 싶었다.

　　　그는 걷기 시작했다. 그리고
담쟁이와 가시덩굴 숲으로
들어갔다. 그 중간에는
병들고 지친 늙은
개구리 두 마리가
해를 쬐고 있었다.

　　　요즘 그 노래들은,
개구리 한 마리가 중얼거렸다,
쓰레기 같은 것들이야. 그러자
상처 나고, 눈이 거의 다 멀게 된
다른 개구리가 대답한다: 노래들이

전부 다 그래, 사람아.
젊을 때는, 언젠가 하느님이
우리 노랫소리를 듣고
동정을 해 주시리라 믿었지.
하지만 이제 오래 살아 본
나의 경험과 지식이 그걸
믿지 말라고 해. 그래서 난
더 이상 노래하지 않지…….

　　그 두 개구리는
새로 온 작은 개구리에게
구걸을 했다. 새 개구리는
풀잎을 헤치고
으스대며 지나간다.

　　그늘진 숲 앞에서
달팽이는 공포에 떤다.
소리를 지르려고 한다. 불가능.
개구리들이 그에게 다가간다.

　　혹시 나비이신가?
거의 눈이 먼 개구리의 말.
작은 뿔이 둘 있어,

다른 개구리의 말.
달팽이야. 달팽이 넌
다른 땅에서 온 거니?

　　　저는 제 집에서 온걸요.
그리고 하루빨리 집으로
돌아가고 싶어요. 눈먼 개구리가
소리친다: 그거 대단히 비겁한
자식이구먼그래
노래는 한 번도 안 하니?
안 해요, 달팽이의 말. 기도도 안 하고?
그런 것도 안 해요, 전 그런 거
배운 적 없어요. 너는 영생을 믿지 않니?
그게 뭔데요?
　　　　　그러니까 풍성한 식량을
공급하는 꽃 핀 땅 옆에
가장 고요한 물에
항상 산다는 것, 그리고
내가 죽으면 그때는
가장 높은 나무들의
가장 부드러운 잎사귀 위로
가서 살게 된다는 거지요?
내 어릴 때 나의 불쌍한

할머니가 어느 날 말해 주셨어요.

네 할머니는 이단자였구나.
우리가 너에게 진실을 말해 주마.
그 신리를 믿어야 해.
성난 개구리들이 말했지요.

뭐 하러 오솔길을 와 보려 했을까?
달팽이는 신음한다. 그래요
영원히 믿어요, 그대들이 설교하는
영원한 삶을요…….

개구리들은
깊은 생각에 잠겨 멀어져 간다.
그리고 놀란 달팽이는
깊은 숲 속에서 길을 잃게 된다.

구걸을 하던 두 개구리는
스핑크스들처럼 남아 있다.
둘 중 하나가 묻는다:
너는 영생을 믿니?
난 믿지 못해, 상처받은
눈먼 개구리가 답한다.

그러면 왜 우리는 그때
달팽이더러 믿으라고 했지?
그건…… 그건 왜 그랬는지 몰라,
눈먼 개구리가 말한다.
내 자식들이 시궁창에서
열심히 꿋꿋하게 하느님을
찾는다는 느낌이 오면,
내 마음은 감동에 차…….

　　불쌍한 달팽이는
뒤돌아선다. 이미 오솔길에는
포플러 나무숲에서부터
침묵의 대열이 파동친다.
달팽이는 벌건 살빛
개미 떼들을 만난다.
두 촉각을 부러뜨린
다른 개미 하나를 뒤에 끌고
시끄럽게 떠들며 가고 있다.
달팽이는 소리친다:
개미들아, 참아야지.
너희 동료에게 무엇 때문에
그렇게 몹쓸 짓을 해?
무슨 몹쓸 짓을 했는지 말해 봐.

양심을 걸고 내가 판단할 테야.
너 이야기해 봐, 개미야.

　　　반쯤 죽은 개미가
아주 슬픈 목소리로 말한다:
전 별들을 보았어요.
궁금한 개미들이, 별들이 뭐야?
묻는다. 달팽이도 생각하다가
묻는다: 별들이라고?
그래요, 그 개미가 다시 말한다,
별들을 보았어요.
전 우리 포플러 나무숲에서
가장 높은 나무를 올라갔어요.
그리고 어두운 나의 눈 속에서
수천 개의 눈을 보았어요.
달팽이는 묻는다:
하지만 별들이 뭔데?
그건 우리 머리 위에
얹고 사는 빛들이에요.
우리는 그 빛들을 못 봐,
개미들이 한마디씩 한다.
그러자 달팽이는, 내 시력은
오직 풀밭 정도만 보거든.

개미들은 소리친다
자신들의 촉각들을 움직이며:
넌 우리 손에 죽어야 해, 넌
게으르고 음탕해.
일은 너의 법이야.

난 별들을 보았어,
상처 난 개미가 말한다.
그러자 달팽이가 결판을 낸다:
그놈은 가라고 하라.
너희들은 너희들 일을 계속하고……
얼마 가지 않아 저도 지쳐서
혼자 죽기 쉬울걸.

달콤한 대기 위로
벌 하나가 지나갔다.
마지막 죽어 가던 개미가
그 광활한 저녁 냄새를 맡는다.
그는 말한다: 이 저녁이 나를
별에게로 데려가려고 오는군.

다른 개미들은 그 개미가 죽은 것을
보고 다들 달아난다.

달팽이는 한숨을 쉰다
그리고 영원이라는 것을 알 수 없어
혼란에 차서 멀어져 간다. 오솔길은
끝이 없군, 그는 소리친다,
이 길로 가다 보면 어쩌면
별들에게 다다를지 모르지.
하지만 나는 참 바보여서
거기 다다를 자격은 못 되겠지.

　　　햇살도 약하고 안개가 끼어
모든 것이 어둑어둑했다.
먼 종각들이 사람들을
교회로 불러들이고 있다.
그러자 평화주의자, 오솔길의
부자 양반 달팽이께서는
어지럽고 불안한 눈길로
풍경을 바라본다.

가을 노래

1918년 11월, 그라나다

오늘은 가슴속에 희미한
별들의 전율을 느낀다,
그러나 나의 길은 안개의
영혼 속에 길을 잃는다.
빛이 나의 날개를 부러뜨리고
나의 슬픔의 고통이
생각의 샘물 속
추억을 적신다.

　　　모든 장미는 희다,
나의 아픔만큼 희다.
장미들이 흰 것은 아니다.
장미 위에 눈이 내린 것.
전에는 무지개를 가졌었지.

영혼 위에도 눈이 내린다.
영혼에 내리는 눈송이에는
입맞춤과 그 장면들……
어둠 속에 꺼져 갔거나
그때를 생각하는 추억의
빛 속에 사라져 갔던…….

　　눈은 장미들에서 떨어진다.
영혼에 떨어진 눈은 남아서
세월의 발갈퀴가 그것들로
수의를 만드는 데 쓴다.

　　죽음이 우리를 데려갈 때
그 눈은 녹을까? 아니면
그 뒤 다른 눈이 올까? 그리고
더욱 완벽한 장미들도 피고?

　　그리스도가 우리에게 가르치듯
우리에게 화해가 올까? 아니면
문제의 해결은 항상
불가능한 것일까?

　　그럼 사랑이 우리를 속인다면?

누가 우리의 삶을 살찌울까
노을이 우리를 무너뜨린다면?
선(善)은 어쩌면 존재하지도 않고
악(惡)만 우리 가까이 숨 쉰다는
사실을 참으로 알게 된다면?

　　희망이 꺼지고
바벨탑이 시작된다면
무슨 횃불이 있어, 이 땅에
길들을 비춰 줄 것인가?

　　푸름이 단지 꿈이라면
순수는 어떻게 될 것인가?
사랑의 신에게 화살이 없다면
이 마음은 어떻게 될 것인가?

　　그리고 죽음이 죽음이라면
시인들은 어떻게 될 것인가?
이제 아무도 기억하지 못하는
잠든 사물들은 어떻게 될 것인가?
오, 희망의 태양이여!
맑은 물이여! 새로운 달이여!
어린아이들의 가슴이여!

야생의 돌의 영혼들이여!
오늘 가슴속에 하나의 희미한
별들의 전율을 느낀다.
이제 모든 장미는 나의 아픔만큼
모두가 다 희다.

봄의 노래

1919년 3월 28일, 그라나다

1

즐거운 아이들이

학교에서 나온다.

4월의 따스한 대기 속에

사랑스러운 노래를 심는다.

거리의 깊은 침묵도

즐거움으로 가득 찬다.

새로운 은빛 웃음소리에

침묵이 산산조각 난다.

2

　　　과수원의 꽃들 사이

길 위에 나의 슬픔의

물을 뿌리며

하오의 길을 간다.
호젓한 산에 자리한
동네 묘지는
해골의 낱알들이
씨 뿌려진 들판 같다.
거기 꽃 핀 사이프러스
나무들이 거인의 머리 같다.
거인이 휑한 눈구멍과
푸르죽죽한 머리칼로
고통과 사색의 표정으로
정경을 바라보고 있다.

　　　성스러운 4월이여, 태양과
온갖 향기를 신고 오는 4월이여!
저 꽃 핀 해골들을
황금 보금자리로 가득 채우라!

삭은 노래

1918년 12월, 그라나다

나이팅게일의 날개에는
이슬방울들이 있다.
새의 꿈으로 망울진
맑은 달의 물방울이 있다.

    소박한 별들의 꿈
분수의 입맞춤은
샘물의 대리석의 것.

    정원의 소녀들은
내가 지나가면 모두들
작별 인사를 한다. 종들도
내게 작별 인사를 한다.
그리고 나무들은 노을 속에서

서로 입 맞춘다. 나만 홀로
울며 길을 간다. 추한 모습으로
해결이 없는, 영웅 시라노와
시계의 리듬으로는
불가능한 영원의 구원자
돈키호테의 슬픔을 안고……
피투성이 빛에 더럽혀진
내 목소리가 닿자
백합들이 시드는 것을 본다.
나의 서정의 노래에는
분을 가득 칠한 피에로의
화려한 옷이 있다. 사랑은
곱고 아름답지만 하나의
거미 밑에 숨었다. 해는
또 다른 거미처럼 그의
황금 발갈퀴 속에 나를 숨긴다.
나는 행복을 얻지 못하리.
나는 바로 사랑의 신처럼
나의 화살은 울음이고
화살통은 내 심장이니까.

　　　모든 것을 다른 사람들에게 다 주리라
그리고 지워진 이야기 속에

버려진 아이처럼, 나는
나의 사랑은 홀로 울리라.

매미야!

매미야!
넌 참 행복하겠다!
넌 땅바닥 침대에서
빛에 취해 죽으니까.

　　　넌 논밭에 대해서도 알고
생의 비밀에 대해서도
할머니 요정 이야기도 다 알지.
풀이 살아나는 느낌도
네 속에 간직되어 있다지.

　　　매미야!
넌 참 행복하겠다!
아주 짙푸른 심장의

피 아래서 죽어 가니까.
빛은 내려오는 하느님,
그리고 해는
그가 스며드는 틈바귀.

    매미야!
넌 참 행복하겠다!
넌 죽음의 고통 속에서도
푸름의 온 무게를 다 느끼니까.

    죽음의 문들로 지나가는
모든 살아 있는 것들은
다들 고개 숙인 머리에
잠든 하얀 대기를 얹고 간다.
죽음의 망토는
침묵, 침묵에 싸여
슬프게
소리도 없이
생각으로만 말하며…….

    하지만 너, 마법에 걸린 매미야,
넌 소리를 쏟으며 죽어 간다,
그리고 소리와 하늘빛으로

변신하여 남는다.

　　매미야!
넌 참 행복하겠다!
빛이신
성령(聖靈) 자신께서도
당신의 망토로 너를 에워싸니까.

　　매미야!
잠든 들판 위에
소리 나는 별아,
개구리들과 검은
귀뚜라미들의 오랜 친구야,
여름의 열기 속에
따스하게 너를 상처 내던
햇빛의 소용돌이 속에
넌 황금 무덤을 갖게 되지.
그리고 해는 너의 영혼을 가져가
빛을 만들 거야.

　　나의 가슴도 성스러운 들판에
매미가 되어, 푸른 하늘에 상처받고
노래하며 서서이 죽어 가리.

그리고 이제 숨이 넘어가는 순간에는
내가 마음으로 아는 여인 하나
그녀의 손길로 먼지 속으로
모든 것을 흘려보내리.

그리고 나의 피는 들판에서
보송보송 불그레한 진흙이 되리,
일에 지친 농부가 쉽게
괭이질을 할 수 있도록.

매미야!
넌 참 행복하겠다!
푸름의 눈에 안 보이는
칼날들이 너를 상처 내니까.

슬픈 발라드

— 작은 시

1918년 4월, 그라나다

내 가슴은 한 마리 나비야,
초원의 착한 아이들아!
시간의 잿빛 거미의 포로가 되어
환멸의 숙명적 꽃가루를 가진

어릴 때 나도 너희들처럼 노래했지,
초원의 착한 아이들아,
무서운 네 개의 고양이 발톱을 가진
새매 한 마리를 놓아주었지.
성령 축제를 기원하며
카르타헤나 정원을 지나갔지.
그리고 상상의 시냇물을 건너다가
난 행복의 반지를 잃어버렸어.

5월 어느 선선한 하오에
나 또한 의젓한 기사가 되었지.
그녀는 그때 내겐 하나의 수수께끼였어,
때 묻지 않은 나의 가슴 위 푸른 별.
서서히 말을 타고 나는 하늘로 올라갔지.
가시 완두처럼 향기로운 일요일이었어.
나는 그녀가 장미와 카네이션 대신
손으로 백합을 꺾고 있는 모습을 보았어.

나는 항상 침착하지 못했단다,
초원의 착한 아이들아,
내 이야기의 그녀는 나를 해맑은
꿈의 물결 속에 빠져 들게 했지.
5월의 장미와 카네이션을
따는 소녀는 누구일까?
그리고 왜 아이들의 눈에는, 뮤즈가 타는
날개 돋친 말의 등을 타고 오는 그녀만 보일까?
우리가 슬프게, 아무렇게나
성급하게, 들에 나와 춤추자고 애걸했던
'에스트레야'라고 했던 그 소녀가
정말 그 여자일까?

어린 시절의 4월에 난 노래하곤 했었지,

초원의 착한 아이들아,
뮤즈의 말 페가수스가 나오는 이야기 속의
다다를 수 없는 그녀.
나는 슬픔으로 가득한 밤에
아무도 모르는 나의 사랑을 이야기하곤 했었지.
그때 달이, 빛도 밝은 달이 입술 사이
한없이 미소를 머금었지!
5월의 장미와 카네이션을
꺾을 소녀는 누구일까?
그리고 그 조그만 여자 아이,
자기 어머니가 시집보낸 그 예쁜 아이는
어느 무덤의 숨겨진 구석에서
그녀의 좌절을 잠재우고 있을까?

　　　나는 나의 남 모르는 사랑만 안고
혼자 남았다, 가슴도, 울음도 없이,
거대한 해가 지휘봉을 휘두르는
하늘의 불가능한 천장을 향해.

　　　어둠은 나에게 참으로 진한 슬픔을 준단다,
초원의 착한 아이들아!
마음은 아직도 달콤한 추억으로
이미 먼 옛날들을 생각하지……

5월의 장미와 카네이션을
꺾을 소녀는 누구일까?

비

1919년 1월, 그라나다

비에는 어떤 희미한 사랑의 비밀이 있다,
어떤 체념 어린 사랑의 졸음 같은 것.
어떤 나지막한 음악이 비와 함께 눈을 뜨고
잠자는 풍경의 혼을 흔들어 깨운다.

　　　비는 지상이 받는 푸름의 입맞춤.
원시의 신화가 여기 다시 이루어진다.
오랜 하늘과 땅이 끝없이 서서히
저물어 가는 하오과 차갑게 접촉한다.

　　　비는 열매의 여명. 우리에게 꽃들을 가져다주고
바다의 성스러운 성령으로 우리를 씻어 준다.
씨를 뿌린 못자리에 생명을 뿌려 주고
마음속에 알 수 없는 것들의 슬픔을 전한다.

어떤 잃어버린 삶에 대한 무서운 향수,
너무 늦게 태어났다는 숙명적 아픔,
혹은 어떤 불가능한 내일에 대한 불안한 꿈이
금방 다가오는 육체의 고통에 대한 불안과 만난다.

사랑은 비의 리듬의 잿빛 물결 속에서 눈을 뜬다.
우리 안의 하늘에는 어떤 피의 승리가 있다.
그러나 유리창에 부딪혀 사라지는 물방울들을 바라보면
우리의 낙천주의는 곧 슬픔으로 변한다.

빗방울은 우리 눈의 바탕이고 어머니였던
영원한 흰빛을 바라보는 영원의 눈망울들.

빗방울 하나하나 흐려진 유리창에서 떨며,
거기 다이아몬드 빛 성스러운 상처를 남긴다.
빗방울은 물의 시인들. 그 많은 강물들이 모르는
세계를 보고 생각하고 사색하는 작은 시인들.

오, 폭풍도 바람도 없는 조용한 비여,
부드러운 빛과 방울 소리, 고요하고 한가한 비여,
평화롭고 선량한 비, 온 세상에 사랑과 슬픔으로
내리는 비, 너야말로 참으로 참스럽구나.

너의 물방울마다 소박한 우물물, 맑은 샘물의
혼을 실어다 주는 자비의 신 같은 비여!
네가 들판에 서서히 내려올 때, 너의 빗소리에
내 가슴의 장미는 피어난다.

네가 침묵에게 들려주는 원시의 노래와
네가 잎가지들에게 들려주는 소리 맑은 이야기를
텅 빈 나의 가슴이 울면서 이야기한단다,
풀 길 없는 깊고 검은 오선지에.

나의 영혼은 고요한 비의 슬픔을 지녔다.
이루어질 수 없는 것에 대한 체념의 슬픔.
나의 수평선에는 하나의 불 밝힌 샛별이 있다.
그러나 나의 마음은 달려가 별을 바라보는 걸 막는다.

나무들이 사랑하는 고요한 비여!
너는 피아노 위에 내리는 달콤한 감동.
너는 잠든 풍경의 영혼에도 나의 영혼에도
똑같은 안개와 메아리를 선사하는구나.

나의 손이 꽃잎을 떨어낼 수 있다면

1919년 11월 10일, 그라나다

어두운 밤이면
나는 너의 이름을 불러 본다,
별들이 달에게로
물 마시러 올 때,
숨은 나무 이파리들의
잎가지가 잠들 때.
그때 나는 사랑도 음악도
없는 텅 빈 나를 느낀다.
죽은 옛 시간을 헤아리며
노래하는 미친 시계.

　　　오늘 이 어두운 밤에
나는 너의 이름을 불러 본다.
그러자 지금은 너의 이름이

어느 때보다 더욱 멀리 들린다.
모든 별들보다 더욱 멀리
서서히 내리는 빗소리보다 더욱 아프게.

　　　그때처럼 언제 한번
너를 사랑할 수 있을까? 내 마음에
무슨 죄가 있는가?
이 안개가 걷히면
어떤 다른 사랑이 나를 기다릴까?
그 사랑은 순수하고 조용할까?
아, 나의 이 손가락들이 달의
꽃잎을 떨어낼 수만 있다면!

꿀에 바치는 송가

1918년 11월, 그라나다

꿀은 그리스도의 말씀,
그의 사랑 안에서 녹아내린 황금.
꽃 즙 너머
미라가 된 천국의 빛.

　　　벌집은 하나의 순연한 별,
벌들의 리듬을 살찌우는
보석 호박의 우물. 벌들의 수런대는 소리와
꽃향기로 가득한 들판의 떨리는 가슴.

　　　꿀은 사랑의 서사시,
물질화된 영원.
꽃들의 뼈아픈 피와 영혼
다른 정령을 통하여 응고된.

(그렇게 인간의 고통스러운 가슴에서
솟아난 시가 바로 인간의 꿀이다.
영원의 벌이 만들어 낸 추억의
밀랍 벌통에서 나온 꿀.)

　꿀은 피리와 올리브가
있는 목동의 아련한 목가 시,
먼 전원 천국의 최상의 여왕들,
도토리들과 우유의 누이쯤 되는 꿀.

　꿀은 아침의 해와 같다.
여름의 모든 매력을 다 가지고 있다.
가을의 오랜 신선함이 있다.
꿀은 시든 이파리, 먹을 수 있는 밀.

　원시 시절의 시처럼 고요한
소박함으로 빚은 성스러운 술!

　꿀은 육체를 갖고 태어난 조화의 여신,
너는 서정성의 천재적 총합체.
네 속에서 우수는 잠든다,
입맞춤과 절규의 비밀조차도.

달콤하고 달콤한 너. 이것이 너에 대한 수식어.
암컷들의 배 속처럼 다정한,
어린애들의 눈길처럼 달콤한,
한밤의 어둠처럼 다정한,
하나의 목소리처럼,
아니면 하나의 백합처럼 달콤한.

아픔과 서정을 가진 자에게
너는 길을 밝혀 주는 태양,
너는 색깔과 빛, 그 소리에서
세상의 모든 아름다움과 같다.

오, 성스러운 희망의 술이여!
성체(聖體) 속에 그리스도의 몸과 빛이 담겨 있듯
영혼과 물질이 하나 되고
완벽한 균형이 이루어져 나타나는 꿀.

꿀은 꽃들의 최상의 영혼.
오, 꽃들의 영혼을 하나로 모은 술이여!
너를 맛볼 때, 서정의 황금빛 총체를
마시고 있음을 사람들은 알까?

여름의 연가(戀歌)

1920년 8월, 베가 데 수하이라에서

빨간 너의 입술을 내 입술과 합치자,
오, 집시 여인 에스트레야!
정오의 황금 햇살 아래서
사과를 깨물고 싶구나.

　　　언덕의 파란 올리브 숲에
가무잡잡한 탑 하나,
그 색깔은 시골 소녀 너의 살 색깔.
그 맛은 꿀과 여명을 합친 맛.

　　　햇볕에 까맣게 탄 너의 몸으로
네가 나에게 베푸는 것은
성스러운 음식.
그것은 고요한 물길에 꽃을 주고

바람에 샛별을 선사한다.

어떻게 나에게 오게 되었는가, 가무잡잡한 햇살아?
어찌하여 사랑에 가득 찬 네 가슴의 속삭임과
백합꽃 너의 성(性)을 내게 바쳤는가?

나의 모습이 안쓰러워서였는가?
(오, 나의 어설픈 걸음걸이!)
아니면 노래를 부르다 시들어 간 내 인생이
어쩌면 너에게 불쌍하게 보였는가?

나의 울음소리보다는, 튼튼한 머슴 돌쇠의
땀에 젖은 넓적다리가, 사랑하기에
보다 아름답고 끈질길 텐데
왜 너는 하필 나를 택했는가?

첫날밤에 남편을 죽인 쾌락의 여인 다나오의 딸아!
너는 나에게, 여성의 실바노.
너의 입맞춤 냄새는 여름날
깡마른 밀밭 냄새.

너의 노래로 나의 눈을 흐리게 하라.
너의 흑단 같은 머리칼을

초원에 펼쳐 두라, 어둠의
망토처럼 숭엄하게.

　　　피에 물든 너의 입으로 나에게
사랑의 하늘을 그려 다오,
육신의 맨 밑바닥에 검붉은
고통의 별을 그려 다오.

　　　날개 달린 나의 안달루시아 말은
환한 네 두 눈의 포로다.
그 눈이 죽은 것을 보는 날, 나의 말은
사색과 고독에 몸부림치며 날아가리라.

　　　그리고 네가 나를 사랑하지 않는다 해도
나는 너를 사랑하리라. 그늘진 너의 눈길 하나만으로,
종달새가 오직 이슬 하나만으로
새로운 날을 사랑하듯이.

　　　빨간 너의 입술을 나의 입술과 합치자,
오, 집시 여인 에스트레야!
밝은 대낮 태양 아래서
사과를 모두 다 먹게 하라.

새로운 노래들

1920년 8월, 베가 데 수하이라에서

저녁은 말한다: "난 그늘에 목말라 있어요!"
달은 말한다: "난 샛별에 목말라 있어."
수정 같은 샘물은 입술을 바라고
바람은 한숨 소리를 원한다.

　　난 향기와 웃음에 목말라 있다.
새로운 노래들에 목말라 있다.
달도 없고 백합도 없는
죽은 사랑의 추억도 없는.

　　다가오는 미래의 고요한 물웅덩이를
전율하게 하는 아침의
노래 하나, 웅덩이의 온 물결과
진흙을 희망으로 채우는.

오래되어 가라앉은, 빛이 가득한
생각 충만한 노래 하나,
슬픔도 고뇌도 처음인
처녀스러운 꿈들로 가득한.

침묵을 웃음으로 채우는
서정적 육신이 없는 노래.
(신비를 향하여 내던져진
눈먼 비둘기 떼.)

사물의 영혼, 바람의
혼과 통하는 노래,
끝내는 영원한 마음의 즐거움 속에서
휴식하는 노래.

서광

1919년 4월, 그라나다

억눌린 내 가슴이
새벽 가까이에서
사랑의 아픔과
멀리 있는 것들의 꿈을 느낀다.
여명의 빛은
향수(鄕愁)의 씨 밭
영혼의 골수의
눈 없는 슬픔을 가져온다.
밤의 커다란 무덤은
그 검은 베일을 걷어올리고
동이 트면, 별들이 가득한
광활한 정상을 숨긴다.

영혼은 어둠이 가득한데,

여명에 에워싸여

잎가지나 새의 보금자리들을 주우면서

이 들판에서 나는 무엇을 하란 말인가!

너의 눈은 밝은 빛에 죽어 있고

나의 육신은 네 눈길의

따스함을 느끼지 못할 것,

이를 어찌하란 말인가, 나는!

그 맑은 날의 하오에

왜 나는 영원히 너를 잊어버린 것일까?

오늘 나의 가슴은 바싹 말라 있다,

빛이 사라진 별처럼.

7월 어느 하루의 발라드

1919년 7월

소들이 커다란
은방울을 달고 온다.

　　―어디 가나요, 아가씨,
해와 눈의 아가씨?

　　―파란 초원의
들국화를 보러 가요.

　　―초원은 아주 멀어요
그대는 무섭지도 않아요?

　　―왜가리도 그림자도
저의 사랑은 두려운 게 없어요.

— 해는 무서워해야 해요, 아가씨,
해와 눈의 소녀 아가씨.

— 해는 저의 머리카락에서
이제 영원히 떠났어요.

— 그대는 누구, 하얀 소녀 아가씨?
어디서 오는 거예요?

— 저는 사랑의 마음에서 와요
그리고 샘물에서요.

소들이 커다란
은방울을 달고 온다.

— 그대의 입이 빨갛게 달아오르는데
입속에 무얼 넣었어요?

— 살았다 죽었다 하는
나의 임의 별이에요.

— 아주 곱고 살폿한
그대의 가슴에는 무얼 달고 있어요?

—살았다 죽었다 하는
나의 임의 칼이오.

　　　—그대의 눈 속에는 까맣고
숭엄한 무언가가 있어요.

　　　—저의 슬픈 생각은
항상 남을 아프게 해요.

　　　—왜 그대는 까만 죽음의
망토를 걸치고 있나요?

　　　—저는 재산도 없이 혼자된
아, 슬픈 과부예요.

　　　월계수 중에서도 월계수
월계수 백작의 과부!

　　　—아무도 사랑하지 않는다면서
여기서 누구를 찾는 거요?

　　　—월계수가 백작의
육신을 찾아요.

—사랑을 찾는가요,
배신자 과부 아씨?
사랑을 찾는다니
부디 임을 만나기를.

　　—하늘의 별님이
저의 사랑들인데,
어디 가서 내 임을 찾나요.
살고 죽는 제 임을
어디 가서 찾아요?

　　—물속에 죽어 있지,
하얀 눈의 소녀야,
카네이션과 그리움에
싸여 누워 있지.

　　—아, 묘지의 사이프러스 나무들의
방랑 기사님이시여!
달 밝은 어느 밤에
그대에게 제 영혼을 바치리다.

　　—아, 꿈꾸며 사는 이시스여,
꿈을 잃은 소녀여,

아이들의 입과 입에
이야기를 쏟아 넣는 그대에게,
나의 가슴을 바치오리다.
여자들의 눈길에
상처 난
나의 여린 가슴을.

　　　—멋진 기사여,
안녕히 계세요.
저는 월계수 백작님을
찾으러 갈래요.

　　　—잘 가요, 나의 아씨,
잠자는 장미 아씨,
그대는 사랑 찾아
난 죽음 찾아 가는군요.

　　　소들은 커다란
은방울을 달고 간다.

　　　나의 가슴에서는 하나의 샘물처럼
피가 솟아난다.

풍경

1920년 6월

불 꺼진 별들은
차갑고 파란 강물을
온통 잿가루로 채운다.

    샘물은 실도 끈도 없다.
숨어 있던 보금자리들이
이미 다 타고 없다.

    개구리들은 강둑을
커다란 마술 피리로 만드나,
흐트러진 소리 요란하다.

    산에서 달이 떠오른다.
사람 좋게 생긴 둥그런 모습이

나이 든 아줌마 얼굴.

　　별 하나가
어린 시절 쪽빛 집에서
조롱하듯 달을 쳐다본다.

　　불그레 희미한 색깔이
산의 지평선을
촌스럽게 만든다.

　　자세히 보니
월계수는 예언자
시인이 되기에 지친 듯하다.

　　항상 우리가 본 물의 모습:
물은 잠이 들면서도
미소 짓는다.

　　모든 것은 습관처럼 울고 있다.
모든 들판이 자기도 모르게
슬픔에 젖는다.

　　나는 허튼소리 안 하려고

예의 바르게 한마디 한다:
나의 마음이지요!

그러나 어떤 무거운 슬픔이
나의 입술을 원죄에
물들게 한다.

나는 풍경과 멀리 걸어간다.
그러나 나의 가슴에는
무덤의 깊이가 자리한다.

어떤 박쥐가 내게 알린다
해가 아파하는 모습으로
석양에 숨고 있다고.

오, 하느님 아버지시여!
(포플러 나무들과
나무숲의 통곡.)

하오의 숯덩이 속에서
나의 눈을 바라본다,
두 마리 솔개를 보듯.

그리고 잊어버린 눈길의
거미줄로, 죽은 내 영혼의
머리털을 풀어헤친다.

벌써 밤이 깊다. 별들은
차갑고 푸르스름한
강물에 비수를 꽂는다.

새로운 가슴

1918년 6월, 그라나다

나의 가슴은, 한 마리 뱀처럼,
자신의 허물에서 떨어져 나왔다.
여기 나는 내 손가락 사이
꿀과 상처로 가득한 허물을 본다.

　　　너의 주름살 사이 보금자리했던
그 생각들은 지금 어디 있는가?
예수와 악마를 향기로 아우르던
그 장미들은 어디 갔는가?

　　　나의 환상적인 샛별을
억누르던 불쌍한 보따리!
한때는 사랑했던, 이제는 사랑하지 않는
고통을 적은 잿빛 양피지.

나는 너에게서 지식의 태아를 본다
시의 미라, 그리고 나의 은밀한 낭만과
나의 오래된 순진과
순수의 해골을 본다.

나는 너를 내 감정의 박물관
높은 벽들 위에 걸어 놓을까?
내 꿀통의 잠든 백합들
그 검게 얼어붙은 꽃들 옆에?

아니면 높은 소나무들 위, 나의
사랑의 날아가는 책 위에 너를 모실까?
꾀꼬리가 여명에 울어 대는
새소리의 비밀을 알아보도록?

해가 졌다

1920년 8월

　　　해가 졌다. 나무들은
동상들처럼 사색에 잠긴다.
밀밭도 이미 가을걷이가 끝났다.
움직임을 멈춘 물레방아는
참 슬프다!

　　　산골 개 한 마리가
초저녁 별을 집어삼킬 듯이 짖어 댄다.
초저녁 샛별이 하나의 커다란 사과처럼
입맞춤 직전의 성기처럼 들판 위에 빛난다.

　　　모기들은 ― 이슬 위를 날아다니는 날개 달린 말들 ―
고요한 대기 위를 난다.
광막한 빛의 정숙한 아내 페넬로페가

맑고 투명한 밤을 짠다.

　　　나의 딸들이여, 잠들라, 늑대가 온다,
양들이 울어 댄다.
가을이 온 거니, 친구들아?
엉망이 된 꽃 하나가 묻는다.

　　　이제 곧 목동들이 보금자리들을 지고
먼 산으로 오리라.
이제 여자 아이들은
오래된 객줏집 문 앞에서 놀고 있겠지.
그리고 집들마다 모두
익히 알고 있는
사랑의 노래들이 울려 퍼지리라.

종이 새

1920년 7월

오, 종이 새여!
아이들의 독수리여,
글자 쓰인 깃털을 단,
수비둘기도 없는
보금자리도 없는.

　　　아직 신비에 젖은 손길들이,
차가운 가을 저녁 무렵,
새들도 죽어 갈 무렵
종이 새, 너를 만든다,
빗소리에 우리 모두 등불과
가슴과 책을 사랑할 무렵.

　　　너는 부서질 듯 가녀린 성에서

한순간을 살기 위해 태어난다,
그것은 카드 속의 성, 그 성은
떨면서 하나의 백합 줄기처럼 올라간다.
그리고 거기에서 날개도 없이 눈이 멀어
사색에 잠긴다, 너는 하나의 줄에
목이 매여 죽어 가면서도 미소 짓는
괴상한 운동선수가 될 수도 있었지,
돛도 사공도 없는 조용한 배,
아주 서정적인
겁쟁이 곤충의 귀신 배,
아니면 날아다니는 페가수스를 만들겠다고
아이들의 입김이 비웃어 대는
너는 그 슬픈 당나귀 새끼가 될 수도 있었어.

　　　그러나 너의 사색 속에는
몇 방울 유머가 섞여 있다.
너는 과학의 껍질로 만들어진 채
네 자신의 운명을 비웃으며
소리친다: 하얀 꽃은 결코 죽지 않아요,
내 친구 루이시토도 죽지 않아요.
내일은 영원하고요, 이슬의 샘물도
영원하다고요.

너도 네 말 하나 믿지 않지만, 넌 이 말을 한다,
아이들이 눈치 채지 말게 하라고,
너의 성에는 어둠이 있고,
별들 뒤에는 그림자가 있다는 것을.

식탁 한가운데 놓인 너의
푸른 저택이 무너질 때, 너는 그때
한 마리의 솔개가 안타깝게 너를
바라보는 것을 보았지:
저 애는 갓 태어난 아이야,
살아 있는 고통의
물 위에 떠 있는 하나의 거품 비눗방울.

아이들이 웃고, 아빠들이
입을 다물고 있는 동안
너는 아이들의 빛이 가득한 입술을 향한다,
바로 이웃에 있는 고통이 깨어나지 않도록.

그리하여 광대 새, 너는 사라진다
다른 곳에서 태어나기 위하여,
그리하여 스핑크스 새, 너는 너의
불사조의 영혼을 연옥에 맡긴다.

소연가(小戀歌)

1920년 10월, 마드리드

나의 입맞춤은 하나의 석류였지,
깊게 활짝 열린;
너의 입은 장미꽃,
종이로 만든.

　　　배경은 눈 덮인 벌판.

나의 두 손은 대장간 단련
받침에 놓인 쇠붙이들;
너의 몸은 종소리가 들리는
석양.

　　　배경은 눈 덮인 벌판.

구멍 숭숭 뚫린
푸른 해골에
널 사랑해, 하는 나의 말들은
종유석이 되었다.

　　　배경은 눈 덮인 벌판.

내 어린 시절의 꿈들에
잔뜩 곰팡이가 끼고,
달빛은 내 솔로몬의
고통 같은 아픔을 파고들었다.

　　　배경은 눈 덮인 벌판

지금은 높은 학교,
나의 사랑, 나의 꿈들
(그 눈 없는 조랑말들)에게는
엄숙한 선생님.

　　　그리고 배경은 눈 덮인 벌판.

오후

1919년 11월

지친 잿빛으로 비가 내리는 오후,
그리고 계속 길을 간다.
시든 나무들.
        고독한 나의 방.
오래된 사진들과
펼쳐 보지도 않은 책들……

    가구며 나의 영혼 위로
슬픔이 넘쳐흐른다.
      어쩌면
대자연은 나에게 수정처럼
투명한 가슴을 열어 주지 않나 보다.

    내 심장의 속살이 아프다.

내 영혼의 속살이 아프다.
　　　　　그리고 말을 하면
나의 말들이 공중에 떠 있다
물 위에 뜬 코르크처럼.

　　　오직 너의 눈동자 때문이다
나의 이 아픔은,
지난날의 슬픔과
앞으로 올 외로움들.

　　　지친 잿빛으로 비가 내리는 오후,
그리고 계속 길을 간다.

무언가 있는 영혼들이 있다

1920년 2월 8일

푸른 샛별들을
가진 영혼들이 있다,
세월의 잎사귀들 사이
시든 아침들,
그러나 깨끗한 구석들은
향수와 꿈의
오랜 소리들을
간직하고 있다.

　　　다른 영혼들에게는
사랑과 정열의 아픈
유령들이 있다. 벌레들이 있는
과일들. 어떤 어둠의
물줄기처럼 멀리서

온 불탄 목소리의
메아리들. 입맞춤 부스러기나
울음이 없는
텅 빈 기억들.

　　　나의 영혼은 오래전부터
무르익어, 신비에 흐려진 채
무너져 내린다. 꿈으로
일그러진 젊음의 돌들이
내 사념의 물 위에
떨어진다.
돌멩이마다 소리친다:
신은 아주 멀리멀리 있다!

늙은 노마뱀

1920년 7월 26일, 베가 데 수하이라

좁은 오솔길에서
나는 보았지, 착한 도마뱀
(물방울만 한 악어)이
명상하고 있는 모습을.
악마 제자 스님의
파란 프록코트,
품위 있는 점잖은 표정에
잘 다려 입은 셔츠 칼라.
그 모습은 늙은 교수님의
슬프디슬픈 몰골 그것.
실패한 예술가의
힘 빠진 두 눈이
꺼져 가는
석양빛을 힘없이 바라본다!

친구여, 이것이 그대의
황혼의 산책이신가요?
지팡이를 사용하시지요. 이젠 너무
늙으셨어요, 도마뱀 나리.
그러다 마을 아이들에게
혼 좀 나시겠어요.
그 오솔길에서
무얼 찾고 계시나요,
장님이 다 된 철학자님?
8월 하오의 유령이 부질없이
지평선을 부숴 버렸어요.

죽어 가는 하늘에
푸른 동냥이라도 청하시나요?
별 한 냥이나?
아니면 라마르틴의 무슨
책을 공부하셨나요? 새들의
교묘한 은빛 지저귐을
좋아하시나요?

(너는 지는 해를 바라본다,
너의 눈이 반짝인다,
오, 개구리들의 용왕님이시여!

인산석인 광휘로
노 없는 사념의 곤돌라들이
너의 불타 버린 무지개의
어두운 물길을 건너간다.)

그대는 어쩌면 아리따운
미녀 도마뱀을 찾아 나오신 건가요?
5월의
밀밭처럼 파랗고,
잠든 샘물의
머리카락처럼 파란 여인,
그녀는 그대를 모른 척하고
끝내 그대의 들판을 떠나갔지요?
신선한 잔디 위에서 깨어지고 만
오, 달콤한 목가적 사랑!

하지만 사셔야지요! 빌어먹을!
그대는 내 맘에 들었어요.
"나는 뱀에 대하여
반기를 든다"라고 한 표어는
기독교 대주교의 대혼란과
그 어리석은 난동에도 이겨 냈지요.

이제 산등성이에
햇빛은 사라졌어요.
짐승 떼들이 어지럽게
길을 뒤덮고 있네요.
이제는 떠나가야 할 때예요.
그 좁은 오솔길을 떠나요,
그렇게 계속
명상에 잠기지 말아요.
그러다가 구더기들이
하염없이 그대들을 먹어 치울 때
별을 바라볼 어떤 장소라도 있겠어요?

귀뚜라미 마을 아래 있는
그대의 집으로 돌아가세요!
그럼 안녕히 주무세요, 친구
도마뱀 나리!

이제 들판에는 사람이 없다.
산들은 온통 어두워졌고
길에는 아무도 없다;
이따금 백양나무 숲
그늘에서 뻐꾹새 한 마리
울어 댈 뿐.

작은 광장의 발라드

1919년

조용한 밤에
아이들이 노래 부른다:
맑고 맑은 시냇물
고요한 샘물!

아이들

항상 즐거운 그대의 성스러운 가슴에
무슨 일이지?

나

안개 속에 사라진
종들에서 종소리가 나요.

아이들

이제 우리 곁을 떠나시네요.
우리는 여기 광장에서
노래하고 있는데,
맑고 맑은 시냇물
고요한 샘물!

그대 봄의
손길에 무슨 일이 있나요?

나

피의 장미 하나
그리고 백합꽃 하나.

아이들

해묵은 노래의
물에 그 꽃잎들을 적셔요.
맑고 맑은 시냇물
고요한 샘물!

그대의 빨갛고 목마른
입에 무슨 느낌이 있나요?

나

나의 커다란 해골
뼈들이 주는 맛.

아이들

해묵은 노래의
조용한 물을 마셔요.
맑고 맑은 시냇물
고요한 샘물!

왜 그리 멀리멀리
광장을 떠나가세요?

나

마법사들, 공주님들을
찾아간단다!

아이들

누가 그대에게 시인의
길을 가르쳐 주셨나요?

나

해묵은 노래의
시냇물과 샘물.

아이들

바다와 육지를 떠나
참으로 멀리멀리 가시나요?

나

잃어버린 종소리와
백합꽃, 꿀벌들
비단으로 가득한 나의 가슴이
빛으로 가득 채워졌단다.
이제 나는 저 산들 너머
저 바다들 너머, 아주 멀리

별늘 가까이로 갈 거야.
주님이신 그리스도께
나의 옛날 어린애 때의
영혼을 되돌려 주시라고
청할 거야, 그때 그
나무칼 차고, 깃털 모자를 쓴
전설로 무르익은
나의 영혼 말이야.

　　　　아이들

　　　이제 우리 곁을 떠나시네요.
우리는 여기 광장에서
노래하는데,
맑은 시냇물
고요한 샘물!

　　　바람에 상처 난
바싹 마른 나뭇잎
그 커다란 눈동자들이
죽은 낙엽을 보며 울고 있다.

동녘의 노래

1920년

향기 높은 석류는
수정으로 된 작은 하늘.
(석류 알 하나하나는 별,
안의 얇은 껍질은 석양.)
세월의 발갈퀴에
쪼그라든 깡마른 하늘.

　　석류는 오래되어 양피지처럼
굳어진 젖가슴 같다,
젖꼭지는 온 들판을 비추는
별이 되었지.

　　석류는 피투성이 벌집 가득한
작은 벌통: 여자들의 입으로

그 빛들이 벌통을 만들었기에
그것이 폭발할 때는 수천의
진홍빛 입술로 웃는 거지…….

　　　석류는 씨 뿌린 못자리 위에
맥박 뛰는 가슴이지,
새들도 와서 쪼지 않는
버림받은 가슴,
겉으로는 인간의 가슴처럼
냉정하게 보이지만
그 가슴을 파고 들어가면
5월의 피와 향기를 주지.
석류는 오래된 초원의 정령의
보물. 호젓한 숲 속에서
소녀 로사에게 말을 건넨
빨간 옷을 입은 그
하얀 수염의 기사.
이것은 나무의 파란 잎들이
아직도 지키고 있는 보물,
희미한 황금의 내장에
보석들 가득한 보물 상자.

　　　이삭꽃은 빵. 삶과 죽음으로

응결된 그리스도.

올리브 열매는 노동과 힘의
견고함 그것.

사과는 육체의 그것,
원죄의 스핑크스 열매,
사탄의 접촉을
수 세기 동안 간직한 세월의 방울.

오렌지는 세상으로 더럽혀진
하얀 오렌지 꽃의 슬픔.
전에는 순결하고 하얗던 것이
불과 황금빛으로 변했으니까.

포도밭은 여름에 응집되는
음란함의 잔치, 그중에서
교회가 축복으로 성스러운
술을 뽑아내기도 하는.

밤은 가정의 평화.
지난 세월. 지나간 세상.
오래된 장작이 타며 톡톡 튀는 소리

밤일은 길 잃은 나그네들.

도토리는 오래 묵은
고요한 시, 그리고
연약한 황금의 작은 열매
건강한 것의 청정함.

그러나 석류는 피다.
성스러운 하늘의 피,
물웅덩이의 바늘로
상처 난 땅의 피.
손톱으로 할퀸 거친
산에서 온 바람의 피.
조용해진 바다의 피,
잠든 호수의 피.
석류는 우리 몸에 간직한 피의
선사 시대의 유물,
단단하고 신 적혈구에
갇힌 피의 정수,
석류는 희미하게 해골
혹은 심장의 모습을 지녔다.

오, 딱 벌어진 석류여! 너는

나무 위에 불타는 불덩이,
베누스와 살을 나눈 베누스 누이,
바람에 흔들리는 과수원의 웃음.
너를 보고 땅에 머문 해인 줄 알고
나비들이 네 주위를 에워싼다.
또한 벌레들은 불타 죽을까 봐
모두 너를 피한다.

　　　너는 생명의 빛
과일 중의 암컷. 사랑에 취한
시냇물의, 숲의
밝은 샛별.

　　　누가 너처럼 열매 되어
온몸 정열 되어 들판 위에 불타랴!

죽은 버드나무

오래된 버드나무여!
석양 앞에
이마를 떨어뜨리고
너는 잠든 물웅덩이
거울 속에 쓰러졌구나.
너의 둥치를 부순 것은
으르렁대는 강풍이 아니었다.
나무꾼의 무거운
도끼가 아니었다. 나무꾼은
네가 다시 태어날 것을
아니까.

　　　　너를 죽음으로 부른 것은
너의 강력한 정신이었지.

초원의 어린 버드나무들로부터
잊혀진 채, 보금자리들도 없이
혼자 서 있을 때였지.
너는 사념에
목말라 있었던 거야.
백 년 묵은 그 큰 너의 머리는
고독하게
너의 형제들의 멀고 먼
이야기들을 듣곤 하지.

　　　너의 몸에 너는
정열의
용암들을 간직하고 있었지.
너의 가슴속에는
미래 없는 날개 달린 말 페가수스의
정기를 간직하고 있었지,
석양의 태양을 향한
순박한 사랑의
무서운 씨앗을.

　　　잎가지 없는
무성한 이파리의 영웅은
이 풍경 앞에서

얼마나 뼛속 깊은 쓰라림을 맛보았던가!

　　　이제 너는 더 이상 달의
보금자리가 되지 못하리라.
미풍의
마술 같은 웃음도,
샛별
기사의 지팡이도 되지 못하리.
너는 네 일생의 봄을
다시 돌아오게 하지 못하리.
씨 뿌린 못자리가
꽃 피는 것도 보지 못하고
너는 이제
개구리와 개미들의
둥지가 되리라.
파란 흰머리 대신
너는 쐐기풀로 덮이고
언젠가 미소 짓는
물줄기가
슬프게
너의 껍질을 끌고 가리라.

　　　오래된 버드나무여!

너는 잠든

물웅덩이

거울에 쓰러졌구나.

나는 해 질 무렵

네가 내려앉는 것을 보았지.

내가 너를 애도하는 시를 쓰는 것은

그것이 나의 애가이기도 하기 때문.

바닷물의 발라드

1920년

바다가
미소 짓는다, 멀리서.
거품의 치아,
하늘의 입술.

　　　—무얼 파는 거니, 젖가슴을 다 내놓고
오, 흐린 물의 젊은 소녀야?

　　　—아저씨, 저는 바다의 물을
팔아요.

　　　—무얼 가져가는 거니, 너의 피와 섞어서
오, 검둥이 젊은이?

—아저씨, 저는 바다의 물을
가져간답니다.

　　　—저런, 저 짠물 섞인 눈물은
어디서 오는 거니?

　　　—아저씨, 저는 바다의 물을
눈물로 울고 있어요.

　　　—가슴아, 이런 진지한
아픔과 쓰라림은 어디에서 나오지?

　　　—바다의 물은 무척 쓰라리고
아프게 하지요!

　　　바다가
미소 짓는다, 멀리서.
거품의 치아,
하늘의 입술.

나무들

1919년

나무들아!
너희들은 푸름에서 떨어진
화살들이었니?
어떤 무서운 전사들이 너희들을 창으로 던졌니?
전사들은 별들이었니?
너희들의 음악은 새들의 영혼에서 오지,
하느님의 두 눈에서,
완벽한 고뇌에서.
나무들아!
너희들의 거친 뿌리들이
땅에 있는 내 가슴을 알까?

은빛 포플러 나무들

1919년 5월

은빛 포플러 나무들이
물 위에 고개를 숙인다.
그들은 다 안다. 하지만 결코 말은 하지 않으리…….
샘물의 백합은
스스로의 슬픔을 소리치지 않는다.
모든 것은 인간보다 존귀하다!

　　별이 가득한 하늘 앞에서 침묵의 지혜를
아는 것은 오직 꽃과 벌레뿐.
노래를 위해 노래하는 지혜를
수런대는 숲들과
바닷물은 안다.

　　장미 밭에 활짝 핀

장미가 우리에게 땅에 사는 생명의
깊은 침묵의 지혜를 가르쳐 준다.

　　　우리들의 영혼이 안으로 간직한
향기를 풍겨야 한다!
모든 것이 노래이고
모든 것이 빛과 선(善)이어야 한다.
검은 밤 앞에
모두 활짝 가슴을 열고
불멸의 이슬로 가득 채워야 한다!

　　　육체는 불안한 영혼 속에
잠들게 하라!
저쪽 피안의 빛으로 두 눈을 멀게 하라.
우리는 가슴의 그늘 있는 곳으로
얼굴을 들이밀고,
악마 사탄이 우리에게 뿌린 별들을 숨어 내야 한다.

　　　나무처럼 항상 기도하는
모습으로 살아야 한다.
물길 밑바닥 물처럼
항상 영원에 뿌리를 두고!

슬픔의 발톱으로 영혼을 긁어
천체 수평선의
불길이 들어오게 하라!

　　　좀먹은 사랑의 그림자에서
모성 가득한 고요한
여명의 샘물이 솟아나리라.
바람 속에 도시들이 사라지리라.
그리고 구름 속에서
하느님이 지나가는 걸 보리라.

이삭꽃

1919년 6월

　　밀밭은 죽음 앞에 항복했다.
이제 낫들이 이삭꽃들을 자른다.
버드나무들은 미풍의 은밀한 영혼과
이야기를 나누며 고개를 끄덕인다.

　　밀밭은 단지 침묵만을 원한다.
햇살을 뒤집어쓴 채
깨어난 꿈들이 사는
넓은 대기로 한숨을 보낸다.
　　　　　　　　　　　대낮은
이제 빛과 소리로 무르익어,
푸른 산등성이로 넘어간다.

　　어떤 신비스러운 생각이

이삭꽃들을 감동시키는가?
어떤 꿈의 슬픈 율동이
밀밭들을 뒤흔드는가?

　　　이삭꽃들은 무슨 날아갈
수 없는 새들 같다! 그 작은 머리들은
순금의 두뇌를 지닌
고요한 표정을 지킨다.

　　　모든 이삭꽃들은 다 그런 생각이다, 다들
명상에 잠긴 깊은 비밀을 지니고 있다.
땅에서 자신의 살아 있는 황금을 끌어내
해의 달콤한 벌들처럼, 불타는 햇살을
빨아 먹고, 햇살로 옷을 해 입고는
밀가루의 영혼을 이룬다.

　　　오, 다정하고 다정한 이삭꽃들이여,
얼마나 즐거운 슬픔을 선사하는가!
그대들은 저 깊은 세월을 건너왔나니,
그대들은 성서 속에서도 노래 불렀지.
침묵이 그대들을 건들면
그대들은 서정적인 칠현금을 연주하곤 하지.

그대들은 사람늘의 양식으로 태어났지.
하지만 하얀 들국화나 백합들을 보라
태어나니까 태어난 꽃들!
논밭 위의 황금 미라들!
들꽃들은 꿈을 위해 태어나고
그대들은 삶을 위해 태어난다.

상수리나무

1919년

너의 순연한 그늘 아래서, 오랜 상수리나무야,
내 생의 샘물의 깊이를 가늠해 보고
내 어둠의 흙탕물에서
서정의 에메랄드를 건져 내고 싶다.

　　　흐린 물 위에 나는 그물을 던진다
그러나 막상 올라온 그물은 빈 탕.
더 아래 깜깜한 진흙 밑에
나의 보석들이 있다!

　　　나의 가슴 깊은 곳에 너의 성스러운
가지들을 집어넣어라, 고독한 상수리나무야!
내 아래 영혼 속에 너의 비밀들과
너의 고요한 정열을 넣어 다오.

젊은 시절의 이런 슬픔은 지나가지,
그건 나도 알아! 즐거움이
상처 난 나의 이마 위에 또다시
화관을 씌워 주겠지,
비록 나의 그물들이
내 생의 밑바닥에 반짝이고 있는
무의식 슬픔의 숨은 보석들을
끝내 건져 올리지는 못하겠지만.

하지만 나의 이 초경험적 대고통은
바로 너의 고통이다, 상수리나무야.
그것은 별들의 고통이나
시든 꽃의 고통과 똑같은 것.

나의 눈물은 땅으로 미끄러져 내려
너의 수액처럼
차가운 밤을 향해 가는
커다란 물줄기의 물 위를 흘러간다.
우리 또한 미끄러져 가겠지
나는 나의 보석들과 함께
너는 눈에 보이지 않는 형이상학적
상수리들이 가득 열린 가지들과 함께.

나의 고민 속에 절대 나를 버려두어서는 안 돼
해골뿐인 친구야.
그 오래고 순연한 너의 입으로
그 옛날 옛날 노래를 불러 다오,
푸른 멜로디에
흙으로 얽어 만든 말들의 노래.

나는 또다시 내 생의 샘물 위에
그물을 던지려고 한다,
그물은 희망의 실과
시의 매듭으로 만들어진 그물.
그러나 내가 건진 것은 잠든 열정들의
진흙 사이 가짜 보석들.

가을의 햇살과 함께 나의 샘물의
모든 물이 떨고 있다.
상수리나무가 담갔던 뿌리를 꺼내고
나에게서 도망치는 게 보인다.

보금자리

1919년

이 슬픔의 순간에
내가 간직하고 있는 것은 무엇인가?
아, 황금빛 꽃 핀 내 숲의
나무들을 자르는 게 누구야!
강물 위의 여명이
내게 가져온 감동스러운
은빛 거울 속에
내가 읽은 것은 무엇인가?
나의 숲에 웬 커다란
사념의 느티나무가
사정없이 부려졌는가?
어떤 침묵의 비가
나를 전율케 하는가?
내 사랑을 슬픈 강가에

죽은 채 버리고 왔는데,

거기 어떤 가시덤불이

갓 태어난 무엇을 내게 숨기고 있는가?

또 다른 노래

1919년 가을

꿈은 영원히 부서졌다!
비 오는 오후에
나의 가슴은
나무들이 비로 쏟아져 내리는
가을 비극을 배운다.

    죽어 가는 풍경의
달콤한 슬픔 속에서
나의 목소리는 으깨어졌다.
나의 꿈은 영원히 부서졌다!
영원히! 오, 하느님!
내 인생의
텅 빈 들판에
눈이 내리고 있다.

환상은 멀리 떠나면서
혹시 길을 잃을까 얼어 죽을까
걱정한다.

　　　아, 물이 내게 말한다
꿈은 영원히 부서졌다고!
꿈은 끝이 없는가?
안개가 꿈을 떠받는다.
안개는 단지 내리는 눈의
피로일 뿐.

　　　나의 리듬은 이야기한다
꿈은 영원히 부서졌다고.
그리고 안개 자욱한 하오에
나의 가슴은
나무들이 비로 쏟아져 내리는
가을 비극을 배운다.

제2부

안달루시아 노래 칸테 혼도의 시
(1921)

안달루시아 세 강의 작은 발라드

— 살바도르 킨테로에게

과달키비르 강은
오렌지 나무와 올리브 나무 사이로 흐른다
그라나다의 두 강물은
눈밭에서 밀밭으로 내려온다.

아, 사랑이여
떠나가선 오지 않은 사랑이여!

과달키비르 강은
진홍색 수염이 있다.
그라나다의 두 강물은
하나는 통곡, 또 하나는 피.

아, 사랑이여

바람 속으로 떠나간 사랑이여!

돛단배들에게
세비야의 길은 하나다;
그라나다 물길에는
한숨들만 노를 젓는다.

아, 사랑이여
떠나가 돌아오지 않은 사랑이여!

과달키비르는 높은 탑
오렌지 밭에 이는 바람.
다우로와 헤닐 마을은
연못들 위에 죽은 탑들.

아, 사랑이여
바람 속으로 떠나간 사랑이여!

누가 강물이
절규의 도깨비불을 실어 나른다 하랴!

아, 사랑이여
떠나가 돌아오지 않은 사랑이여!

오렌지 꽃이고, 올리브 열매고
안달루시아여, 모두 너의 바다로 실어 가거라.

아, 사랑이여
바람 속으로 떠나간 사랑이여!

집시 세기리야* 시

—카를로스 모를라 비쿠냐에게

풍경

올리브 나무
들판은
부채처럼
펴졌다 닫혔다 한다.
올리브 밭에는
하늘이 내려앉아 있다.
차가운 샛별들이 비처럼
어둡게 쏟아진다.
강가에서는
갈대와 어스름이 떨고 있다.
잿빛 대기가 잔주름을 일으킨다.
올리브 나무에는

절규들이
가득 열려 있다.
그물에 잡힌 새들
한 떼가
어둠 속에서
긴긴 새 꼬리들을 움직인다.

기타

기타의
통곡이 시작된다.
새벽의
술잔들이 깨어진다.
기타의
통곡이 시작된다.
입을 막으려 해도
소용없다.
입을 막으려 해도
불가능하다.
단조롭게 운다.
물이 울듯이,
눈밭 위에

바람이 울듯이.
입을 막으려 해도
불가능하다.
먼 옛날
옛일 때문에 운다.
뜨거운 남쪽의 모래는
하얀 동백꽃을 원한다.
내일 없는 오후가
표적 없는 화살이 운다.
가지 위에
맨 처음 죽은 새 한 마리.
오, 기타여!
다섯 개의 칼날에
찢어진 가슴이여.

절규*

타원형 절규가
산에서 산으로
울려 퍼진다.

올리브 나무숲으로부터

절규는 검은 무지개가 된다
푸른 밤 위에 펼쳐진.

　　　아이!

비올라의 현(弦)처럼
그 절규는 긴 바람의 가닥들을
전율하게 했다.

　　　아이!

(동굴 속의 사람들이
등불을 켜고 내다본다.)

침묵*

들어 봐, 애야, 침묵의 소리를.
그것은 물결치는 침묵, 그 안에서
산골짜기며 메아리들이 미끄러지고
이마들을 땅으로 숙이게 하는
침묵이지.

그 후

시간이 만든
미로들은
사라진다.

(오직 사막만이
남는다.)

욕망의 샘
심장은
사라진다.

(오직 사막만이
남는다.)

여명의 꿈과
입맞춤들은
사라진다.

오직 사막만 남는다.
물결치는
사막.

솔레아*의 시

― 친구 호르헤 살라메아에게

초혼

메마른 땅,
광막한
밤들의
조용한 땅.

(올리브 나무숲에 이는 바람,
산자락에 이는 바람.)

호롱불
한이 서린
옛 고향
땅.

깊은 물길들이 고여 있는
땅.
화살들도
눈들도 없는 죽음의
땅.

(길 위로 불어가는 바람.
포플러 숲에 부는 미풍.)

고향

민둥산 위
고생과 고난의 길.
맑은 물
백 년 묵은 올리브 나무들.
골목길로
얼굴을 감싼 사람들,
탑 위에는
풍향계 바람개비가 돌고,
영원히
돌고,
통곡의 안달루시아 속

오, 길을 잃은 마을이여!

칼

황폐한 땅에
쟁기 날이 파고들듯
칼이
심장에 파고든다.

       안 돼,
나를 찌르지 마,
       안 돼.

칼은
햇살처럼
소름 끼치게 깊은
골짜기를 불지른다.

       안 돼,
나를 찌르지 마,
       안 돼.

십자로

동녘에서 불어오는 동풍;
가로등 하나
심장에
칼 하나.
길거리에는
바짝 조인
기타 줄의
떨림이 있다,
엄청나게 큰 호박벌의
떨림 같은…….
사방에서
나는
심장에 꽂힌
칼을 본다.

아이!

절규 하나 바람 속에 죽음의
사이프러스 나무 그림자를 드리운다.

(이 들판에 나 홀로
울게 내버려 다오.)

이 세상의 모든 것은 다 부서졌다.
남은 것은 침묵뿐.

(이 들판에 나 홀로
울게 내버려 다오.)

빛을 잃은 지평선을
모닥불이 물어뜯는다.

(제발 이 들판에 나 홀로
홀로 울도록
내버려 두라고 하지 않았나.)

경악

가슴에 칼을 맞고
길거리에 죽어 있었어요.
아는 사람은 아무도 없었어요.
가로등만 얼마나 떨고 있던지요!

어머니.
길거리 작은 가로등만 얼마나
떨고 있던지요!
꼭두새벽이었어요. 아무도
그의 눈 속을 들여다볼 수는 없었어요,
냉혹한 대기에 벌겋게 뜨고 있는 눈.
길거리에 죽어 있었다고요
가슴에 칼을 맞고요
아는 사람은 아무도 없었다고요.

솔레아 노래

검은 망토를 걸치면 그녀는
세상은 쪼그맣지만
가슴은 광활하다고 생각한다.

까만 망토를 걸치면 그녀는.

부드러운 한숨과 절규 또한
흘러가는 바람결에
사라진다고 생각한다,

까만 망토를 걸치면 그녀는.

발코니를 활짝 열어 두었다.
여명이 밝아 오자, 발코니로
온 하늘이 쏟아져 들어왔다.

아이 야야야야이,
까만 망토를 걸친 그 여자!

사크로몬테 동굴*

동굴에서 긴긴
흐느낌이 새어 나온다.

(빨강 위
보랏빛.)

집시는 먼먼
나라들을 떠올린다.

(높은 탑들과 신비로운
사람들.)

이따금 끊기는 복소리 속에
그의 눈이 떠간다.

(빨강 위
까망.)

회칠한 하얀 벽이
황금빛에 떨고 있다.

(빨강 위에
하얀빛.)

만남

너도 나도
서로 만날
약속은 아니었지.
너도 알듯이 너는 그렇고……
나는 그녀를 무척 좋아했고……
너는 너의 손금에 있는
그 오솔길을 따라가,
나는 못질에 멍든

구멍들이 많으니……
내가 계속 피를
흘리고 있는 것이 안 보여?
절대 뒤돌아보지 마,
천천히 가
그리고 나처럼
성 카예타누스에게 기도를 해,
너도 나도
서로 만날
약속은 아니었었노라고.

여명

새벽
코르도바의 종소리.
동틀 녘
그라나다의 종소리.
상복 입은 사랑의
솔레아를 울며 노래하는
모든 아가씨들은 그 종소리의 아픔을 안다.
안달루시아 윗마을
안달루시아 아랫마을,

조그만 발
떨리는 치마,
사방 네 거리를
빛으로 가득 채웠던
스페인의 소녀들.
새벽
오, 코르도바의 종소리여!
동틀 녘
오, 그라나다의 종소리여!

사에타* 시

― 친구 프란시스코 이글레시아스에게

사랑의 화살을 쏘는 노래꾼들

사랑의 화살을 쏘는 검은 노래꾼들이
세비야로 다가간다.

활짝 열린 과달키비르 강.

넓은 테를 두른 잿빛 모자에
느릿느릿 긴 망토를 걸치고,

아이, 과달키비르 강이여!

먼먼 사랑의 한(恨)의
고장에서 온 사람들.

훨찍 열린 과날기비르 강

수정과 돌, 사랑은
하나의 미로를 향한다네.

아이, 과달키비르 강이여!

밤

촛불, 호롱불,
가로등, 반딧불.

사에타의 밤의
별하늘.

작은 황금빛 창문들이
떨린다,
여명에는 수많은 십자가들이
위아래로 흔들린다.

촛불, 호롱불,
가로등, 반딧불.

세비야

세비야는 사랑의 화살을 쏘는
멋진 궁수들로 가득한 탑.

세비야는 사랑의 상처를 내고
코르도바는 사랑으로 죽게 하고.

긴긴 가락을
숨어서 기다리는 도시,
그리고 그것을 미로처럼
똬리 치게 하는,
불타는 포도 덩굴
줄기처럼.

세비야는 사랑의 상처를 받는 곳!

하늘의 무지개 밑
해맑은 평원 위,
세비야는 강에서 끝없는
사랑의 화살을 쏜다.

코르도바는 사랑으로 죽는 곳!

수평선에 미쳐
포도주에 섞는다,
쓰라린 돈 후안의 사랑 맛과
디오니소스의 완벽한 술맛을.

세비야는 사랑의 화살을 쏘네.
세비야는 항상 사랑의 화살로 맞히네!

행진

골목길로 이상한
외뿔 짐승들이 온다.
어느 들판에서
어느 신화의 숲에서 오는 걸까?
더욱 가까이 보면,
별을 보고 사는 천문학자들 같다.
환상적인 마술사들
가시관을 머리에 쓴 그리스도
마법에 걸린 전설 속의 두란다르테,
고전 서사시 속의 성난 오를란도.

성모 행렬

싸구려 치마를 입은 성모님,
솔레다드 성모님,
커다란 튤립처럼
활짝 꽃 핀 모습.
불꽃 배를 타시고
성모님은
도시의 높은 물결 사이로,
유리 별들과
혼잡스러운 축가 사이로
헤쳐 가십니다,
길거리의 강을 따라
바다까지 가십니다!

사에타 노래

가무잡잡한 그리스도가
유대인 마을 백합꽃을 지나
스페인 마을 카네이션 꽃으로 옵니다.

저 봐요, 어디로 오시는지!

어둡고 맑은 하늘,
바싹 탄 땅,
그 밑으로 아주 서서히 흐르는
물줄기,
서반아……
불에 탄 긴 머리칼에
광대뼈가 툭 튀어나오고
눈동자가 하얀
가무잡잡한 그리스도.

저 봐요, 어디로 가시는지!

발코니

라 롤라가
사에타를 불러요.
잘생긴 투우사들이
그녀를 에워싸요,
멋진 이발사는
자기 집 문에서
고개를 까닥이며
가락을 맞춰요.

박하 이파리
꽃잎 사이에서
라 롤라가
사에타를 불러요,
우물가 물통에서
그토록 얼굴을 비쳐 보던
그 라 롤라가.

새벽

하지만 사에타 부르는 사람들도
사랑처럼
다 눈이 멀었어요.

파란 밤 위에,
사에타 노래들이
뜨거운
백합꽃 흔적을 남겨요.

달의 용골이
검붉은 구름 떼를 깨면
사랑의 화살통은

이슬로 기득 차요.

하지만, 아이, 사에타 부르는 사람들은
사랑처럼
모두 다 눈이 멀었어요!

페테네라* 노래 소묘

길

상복을 입은 백 명의 기사들,
어디를 갈까,
오렌지 밭
누운 하늘 사이로?
코르도바에도 세비야에도
다 가진 못할 텐데⋯⋯
바다 때문에 한숨짓는 여인
그라나다에도 못 갈 텐데⋯⋯
꿈에 취한 그 말들이
그들을 데려갈 곳은
노랫소리 떨고 있는
묘지 십자가들의 미로.

일곱 개의 "아이!" 설유를
못이 박이도록 들으며,
어디를 갈까
안달루시아 백 명의 기사들은?

기타 여섯 줄

기타는
꿈을 울게 한다.
잃어버린
영혼의 흐느낌이
기타의 둥그런
입으로 새어 나온다.
그리고 기타는
자기의 검은
빗물받이 나무통에
떠다니는 한숨 소리들을 잡으려,
땅거미처럼
하나의 커다란 별을
거미줄로 짠다.

춤

— 라 페테네라 과수원에서

과수원의 밤에,
여섯 집시 여인이
하얀 옷을 입고
춤을 춘다

과수원의 밤에,
재스민 꽃둘레에
종이 장미로
월계관을 쓰고

과수원의 밤에
그녀들의 자개 빛 치아들이
불타는
그림자를 쓴다.

그리고 과수원의 밤에,
그녀의 그림자들이 길어진다,
검붉은 빛으로, 그대로
하늘까지 이어진다.

묘비명

백 명의 연인들이
영원히 잠든다
메마른 땅 밑에.
안달루시아에는
길고 긴 붉은 땅이 있다.
코르도바는 백 개의
십자가를 꽂을 만한
파란 올리브 숲이
기억을 되살리리니,
백 명의 연인들이
영원히 잠든다.

만종(晩鐘)

노란
탑 위에서
종을 친다.

노란
바람 위에

종소리가 펼쳐진다.

시든 오렌지 꽃들
화관을 쓴 죽음이
어느 길을 따라 간다.
하얀 비후엘라 기타로
노래 부른다,
노래 하나
노래 부른다
노래, 노래, 노래.

노란 종탑에서
종소리가 그친다.

바람은 먼지와 섞여
음산한 은빛 뱃머리를 이룬다.

두 소녀들

— 막시모 키하노에게

라 롤라

오렌지 나무 밑에서
무명 기저귀를 빤다.
눈빛이 파랗고
목소리는 보랏빛.

아, 슬픈 사랑아,
꽃 핀 오렌지 나무 밑 사랑아!

햇빛 가득 싣고
도랑물이 흐르고,
작은 올리브 나무 위에서
참새 한 마리 울고 있었지.

아, 슬픈 사랑아,
꽃 핀 오렌지 나무 밑 사랑아!

이윽고 라 롤라가
온 비누를 다 쓰면,
멋진 투우사들이 오겠지.

아, 슬픈 사랑아,
꽃 핀 오렌지 나무 밑 사랑아!

암파로

암파로야,
하얀 옷을 입고 혼자 집에서
넌 외롭지도 않니?

(재스민 꽃과
수선화 사이 적도.)

너는 네 정원의
황홀한 분수 소리,
그리고 카나리아의

여리고 노란 새소리를 듣는다.

암파로야,
하얀 옷을 입고 혼자 집에서
넌 외롭지도 않니?
암파로야,
참으로 이렇게 말하기가 어렵구나,
나는 너를 사랑하는데…….

플라멩코 삽화들

— 유명한 플라멩코 가수 마누엘 토레스에게

이탈리아 집시 실베리오 프랑코네티 초상

이탈리아인 절반
플라멩코 집시 절반,
저 유명한 실베리오 노래는
어띠헸을까?

이탈리아의 짙은 꿀맛에
우리의 레몬 맛이
서려 있었다,
저 세기리야 가수의
한 깊은 노래에는.
그의 절규는 소름 끼쳤다.
노인네들은

머리끝이
쭈뼛했다고 했다,
거울 속
수은이 터졌다.
그의 노래 음조는
음조를 깨지 않고 넘어갔다.
그는 창조자면서
정원사였다.
침묵을 위한
광장의 창조자.

이제 그의 멜로디는
메아리와 함께 잠잔다,
결정적인 순수한 모습으로,
그 마지막 메아리와 함께!

플라멩코 말라게냐 소리꾼 후안 브레바

후안 브레바는
거인의 몸에서
소녀의 목소리가 났다.
그의 떨리는 바이브레이션은 일품이었다.

가벼운 미소 뒤

소리를 하면 사람이 노래하는 게 아니라

한이 스스로 소리를 하는 듯……

잠든 해변의 도시 말라가의

레몬 밭을 떠올린다.

그의 울음소리에는

바닷소금의 여운이 남는다.

호메로스처럼 눈이 멀어

노래했다. 그의 목소리에는

빛을 잃은 바다와

눈물이 나도록 짓눌린

오렌지 맛이 있었다.

노래하는 카페

유리 램프들

파란 거울들.

어두운 널빤지 무대에서는

가수 파랄라가

죽음과의 대화를

계속하고 있다.

그녀를 부른다,
불길은 오지 않는다,
다시 그녀를 부른다.
사람들은
흐느낌을 들이마시고 있다.
파란 거울 속에는
긴긴 비단 치맛자락이
움직인다.

죽음의 탄식
—미겔 베니테스에게

검은 하늘에 불길한
노란 떠돌이별들.

이 세상에 올 때는 눈을 달고 왔는데
이젠 눈 없이 떠나가요.
커다란 대고통의 주여!
그리고 마침내
땅에 떨어진
담요와 쇠 등잔 하나.

착하고 선한 사람들이 간 곳으로
가고 싶었어요.
그래서 온 것이, 하느님 맙소사……
그리고 마침내
땅에 떨어진
담요와 쇠 등잔 하나.

노란 레몬,
레몬 나무,
레몬들을
바람에 던져요.
다 알지 않아요! ……그리고 마침내,
마침내,
땅에 떨어진
담요와 쇠 등잔 하나.

검은 하늘에 불길한
노란 떠돌이별들.

묘비명

내가 죽거든,

니를 나의 기타와 함께
모래 아래 묻어 주오.

내가 죽거든,
박하와 오렌지 밭 사이
내가 죽거든.

내가 죽거든
마음 내키면 그냥
풍향계 속에 묻어 주오.

내가 죽거든!

세 개의 도시

— 필라르 수비아우레에게

말라가 여인

죽음이
술집으로
들랑날랑한다.

기타의
깊은 골목길로
수상한 사람들과
검은 말들이 지나간다.

그리고 선박의
열병 걸린 수선화들에서는
암컷 냄새와

소금 냄새가 난다.

죽음이
들랑날랑
날랑들랑
죽음이
술집을.

코르도바의 민가 마을
― 밤 이야기

집에서는
별들의 침략을 조심한다.
밤이 무너진다.
안에는, 머리카락 사이
붉은 장미를 숨기고 죽은
여자 아이가 있다.
유리창에선
기타 줄 여섯 꾀꼬리가
소녀의 죽음을 운다.

기타들을 펼쳐 들고

사람들은 한숨 쉬며 지나간다.

춤

세비야의 거리를 누비며
라 카르멘이 춤을 춘다.
머리카락은 하얗고
눈동자는 반짝인다.

소녀들아,
커튼을 내려라!

그녀의 머리에는 노란
뱀이 똬리를 친다.
춤을 추며 그녀는 지난날의
멋쟁이들을 꿈꾸며 그리워한다.

소녀들아
커튼을 내려라!

거리에는 사람 하나 없고
보아하니, 다들 안에 들어앉아,

안달루시아 마음들은
옛날 장미 가시들을 찾고 있나 보다.

소녀들아
커튼을 내려라!

여섯 편의 즉흥시

― 기타리스트 레히노 사인스 데 라 마사에게

기타의 수수께끼

둥그런
사거리에서,
여섯 처녀가
춤을 춘다.
셋은 붉은 살색
셋은 은빛.
어제의 꿈들이 그녀들을 찾는다
그러나 그녀들을 껴안고 있는 것은
사랑의 황금 거인 애꾸눈 폴리페무스.
기타 하나!

호롱불

아, 호롱불 불꽃은
깊은 명상에 잠긴다!

인도의 행자승처럼
자신의 황금 배 속을 들여다본다.
그리고 바람 없는 대기를
꿈꾸며 흐려진다.

불타는 학이
보금자리 속에서
응어리진 어둠들을 쫀다.
그리고 떨면서, 죽은 집시의
휘둥그런 눈 속을 들여다본다.

캐스터네츠*

캐스터네츠.
캐스터네츠.
캐스터네츠.
낭랑한 소리의 딱정벌레.

손바닥

거미가

뜨거운

대기를 주름잡는다.

그리고 스스로의 나무 새소리 속에

스스로 빠져 죽는다.

캐스터네츠.

캐스터네츠.

캐스터네츠.

낭랑한 소리의 딱정벌레.

안달루시아의 선인장

야성의 투사 라오콘*

반달 아래 서 있으니

참 멋있구나!

수많은 팔을 가진 공치기 선수.

바람을 위협하며 서 있으니

참 멋지다!

아폴론에게 잡히지 않으려고, 월계수가 된 다프네,
부정한 사랑을 피해 스스로를 거세한 아티스가
형언할 수 없는 너의 고통을 알리라.

그라나다 동굴의 용설란

돌이 된 문어.

너는 산의 배때기에
잿빛 배대 끈을 묶어 주고,
고갯길에
어마어마한 어금니를 달아 준다.

돌이 된 문어.

십자가

십자가.
(길의

종착점.)

도랑 속에 스스로를 비쳐 본다.
(말없음표.)

몽둥이찜질 당한 집시의 노래

1925년 7월 5일

스물네 대의 따귀를 때리고
스물다섯 대의 따귀를 때리고,
그러고 나서는, 어머니, 저를
은종이에다 쌀 거예요.

도로 순찰 민병대여,
내게 물 한 모금만 다오.
배들과 물고기 사는 물,
물, 물, 물, 물.

아이, 거기 높은 데 자기 방에 계시는
민병대 대장, 대장님!
거기 비단 손수건은 없으시겠지요
제 이 얼굴 좀 닦을……

아마르고 어머니의 노래

1925년 7월 9일

나의 협죽도와 나의 야자수
나의 홑이불에 싸 가지고 내 아이를 데려가네요.

작은 황금 칼이 박힌
8월 27일.

십자가. 그리고 자, 가자고!
그 아이는 가무잡잡하고 늘 한이 많았죠.

아주머니들, 저에게 레몬 즙 담은
놋쇠 단지 하나만 주세요,

　　　십자가. 아무도 울진 말아요.
한 많은 아마르고는 달에 있어요.

제3부

집시 이야기 민요집

(1924~1927)

집시의 달, 달 이야기*
― 나의 누이 콘치타 가르시아 로르카에게

달이 대장간 화로 속으로 왔었어요,
자기 수선화 치마 받이 폴리손*을 들고.
아이가 달을 보고 또 보고……
아이가 달을 바라보고 있지요.
감동에 떠는 대기 속에서
달은 두 팔을 벌리고
순연하고 요염한 자태로
단단한 자기 주석 젖가슴을 보여 주지요.
달님, 달님, 달님 달아나세요.
집시들이 오면 달님 가슴으로
하얀 목걸이 하얀 가락지를 만들 거예요.

아이야, 나는 이 속에서 춤을 추련다.
집시들이 오면, 대장간 쇠 받침 위에

네가 두 눈 감고 누워 있는 걸 볼걸.
달님, 달님, 달님, 달아나세요,
벌써 말 발짝 소리가 들려요.
아이야, 가만있어라, 풀 먹인
내 하얀 옷을 밟지 말고.

　　　말 탄 기사가 황야의
북을 치며 다가왔어요.
아이는 대장간 화로 속에서
두 눈을 감고 있었어요.
올리브 나무숲으로 구릿빛 꿈의
집시들이 오고 있었어요.
모두 머리들을 바짝 들고
두 눈들은 절반쯤 감고.

　　　소쩍새가 얼마나 울어 대는지,
아, 나무에서 얼마나 우는지……
하늘로는 달님이 아이
손을 잡고 가고 있지요.

　　　화로 속에서는 집시들이
소리소리 치며 통곡하고,
바람이 화롯불을 지켜요, 지켜요.

바람이 화롯불을 지키고 있어요.

예쁜이 프레시오사와 바람[*]

— 다마소 알론소에게

　　　　수정 같은 물과 월계수가 있는
수륙 양쪽 오솔길로,
예쁜이 프레시오사가
양피지로 만든 달 모양
소고(小鼓)를 치면서 오네.
별도 없는 고요한 밤이
그 반주 소리를 피하여
바다가 물결치는 곳에 내리네.
바다는 물고기 가득한
밤바다를 노래하네.
야산 꼭대기에서는
밀수 감시병들이 잔다네,
영국인들이 사는
하얀 탑들을 지키며.

그리고 물속의 집시들은
심심풀이로 파란
소나무 가지들을 올리고,
달팽이들 놀이터를 짓네.

          *

          예쁜이 프레시오사가
양피지로 만든 달을 치면서 오네.
예쁜이를 보자 바람이 일어났지.
바람은 결코 자는 법이 없지.
하늘의 헛바닥을 가득 단
벌거숭이 성 크리스토발론이
눈에 보이지 않는 달콤한
가죽 피리를 불며 오는 소녀를 보네.

          소녀야, 어디 보자, 어디
네 옷 좀 추켜올려 보렴.
옛날 옛적 내 손가락에
너의 배 속 파란 장미를 피게 하렴.

          예쁜이 프레시오사는 북을
내팽개치고 쉬지 않고 달리네.

사내 같은 바람은 뜨거운
칼을 들고 그녀를 쫓아가네.

　　　바다는 파도 소리를 줄이네.
올리브 나무들은 창백해지네.
응달의 피리들과 눈발의
미끄러운 징이 노래하네.

　　　예쁜아, 달려라, 예쁜아,
파란 바람에게 잡힐라!
프레시오사, 달려라, 프레시오사!
어디 오는가 잘 봐라!
천한 별들의 음탕한 바람둥이가
혀를 번쩍이며 따라온다.

　　　*

　　　예쁜이 프레시오사는
두려움에 차서, 소나무 밭
너머 너머에 있는 집,
영국 영사 집에 들어가네.

　　　외침 소리에 놀라서

밀수 감시원 세 명이 오네,
관자놀이까지 모자를 눌러쓴
까만 망토를 두른 경찰들.

영국인은 집시 소녀에게
따스한 우유 한 컵,
진 한 잔을 주지만,
프레시오사는 마시지 않네.

울면서 그 사람들에게 그동안
일어난 사건을 이야기하는데,
흑판 지붕 위에서 성난 바람이
화가 나서 이빨로 물어뜯네.

집시의 결투

—라파엘 멘데스에게

좁은 골짜기 한가운데서
저 유명한 알바세테 나이프들이
번쩍인다. 상대방의 피로 아름답게
번쩍이는 물고기 같은 칼들.
카드의 강한 빛이 푸르스름하게
성난 말들과 기사들의
옆모습을 뚜렷하게 비춘다.
올리브 나무 잎가지 속에서
늙은 두 여인이 운다.
결투 속의 한 투우가
벽을 타고 올라간다.
검은 천사들이 눈 같은
물과 손수건을 가져온다.
저 유명한 알바세테 나이프로 된

커다란 날개를 단 천사들.
몬티야 출신 후안 안토니오가
죽어서 비탈길로 굴러 떨어진다.
백합꽃으로 가득한 몸뚱이,
관자놀이에 석류 하나.
이제 불의 십자가를 타고,
죽음의 길로 달린다.

*

재판관은 민병대와 함께,
올리브 밭으로 온다.
미끄러져 내리는 피가 소리 없이
뱀의 노래를 신음처럼 뇌까린다.
민병대 아저씨들, 여기에서는
늘 그렇듯 그런 일이 벌어졌지요.
로마인 넷이 죽고 카르타고인
다섯이 죽었구먼요.

*

무화과나무로 뜨거운
소리로 미친 저녁이

기절하듯 기사들의
상처 난 허벅지에 내린다.
그리고 검은 천사들이
석양의 대기 속으로 날고 있었다,
길게 머리를 늘어뜨린
올리브유같이 맑은
가슴을 가진 천사들이.

악몽의 로맨스
— 글로리아 히네르와 페르난도 데 로스 리오스 부부에게

　　　　파랗게 사랑해 파랗게.
파란 바람, 파란 잎가지.
바다에는 배
산에는 말.
허리에 어둠을 두르고
베란다에서 꿈꾸는 여인,
그 파란 살결, 파란 머리칼,
차가운 은빛 눈동자.
파랗게 사랑해 파랗게.
집시의 시뻘건 달이
불길한 세상사를 예언하지만
차마 달을 바라볼 수 없는 그녀.

　　　　　*

　　　파랗게 사랑해 파랗게.
성에가 만든 커다란 별 모양이
어둠의 물고기를 몰고
여명의 길을 연다.
무화과나무가 줄질을 하듯
나뭇가지를 바람에 드르럭거리고,
산은 살쾡이처럼
가시나무 끝을 곤두세운다.
누가 오는 걸까? 어디로……?
그녀는 베란다에서 기다리고,
그 파란 살결, 파란 머리칼.
꿈에도 무서운 쓰라림의 바다.

　　　　　*

　　　형님, 저의 말과 형님 집을
바꿨으면 좋겠네요.
제 말안장 대신에 형님 집 거울 하나,
제 칼 대신에 이불 하나만 주세요.
형님, '염소 재' 너머에서부터
제가 피를 많이 쏟고 오누먼요.

내가 할 수만 있다면, 젊은이,
당장이라도 그렇게 해 주지.
하지만 이제 나도 내가 아니고
내 집도 이제 내 집이 아니라네.

　　　형님, 저도 죽을 때는
점잖게 잠자리에서 죽고 싶구먼요.
침대는 되도록이면 쇠 침대,
이불은 네덜란드 최고급 이불.
이거 보세요, 이 가슴부터
목구멍까지 피투성이 상처를.
검붉은 3백 송이 장미꽃이
자네 하얀 셔츠에 피었구먼.
피가 스며들어, 허리에는
온통 피비린내뿐.
하지만 이제 나도 내가 아니고
내 집도 이제 내 집이 아니라네.
어떻든 저 좀 올라가게 해 주세요,
저 높은 베란다까지만요!
저 좀 꼭 올라가게, 올라가게 해 주세요,
저 파란 베란다까지요.
달이 있는 베란다 난간에
물소리가 메아리치네요.

마침내 두 친구가 위로 올라간다
그 높은 베란다 있는 곳까지.
줄줄 핏자국을 남기며
줄줄 눈물자국을 남기며.
지붕 위에서는
양철 등이 떨고 있었다.
수천 수만의 빛살인지 북소리인지
새벽을 찢고 있었다.

*

파랗게 사랑해 파랗게.
파란 바람, 파란 잎가지.
두 친구가 위로 올라갔다.
긴 바람이 입에 씁쓸하고
야릇한 입맛을 남겼다,
박하 냄새, 여뀌풀 냄새 같기도 한……
형님! 어디 있습니까, 어디요?
그 불쌍한 형님 딸이 어디 있습니까?
자네를 얼마나 기다렸는데,
그 상큼한 얼굴, 그 검은 머리칼로

이 파란 베란다에서…….

*

큰 빗물받이 통 표면에
집시 아가씨가 떠돌고 있었다.
파란 살결, 파란 머리칼,
차가운 은빛 눈동자.
달빛 한 줄기 고드름이 되어
그녀를 물 위에 떠받들고 있었다.
밤은 그녀를 아우르며
자그만 안방 마루처럼 아늑하게 감쌌다.
술 취한 민병대 몇 명이
꽝꽝 대문을 두들겼다.
파랗게 사랑해 파랗게
파란 바람, 파란 잎가지.
바다에는 배
산에는 말.

십시 수녀

─시인 호세 모레노 비야에게

횟가루와 도금양 꽃의 침묵.
고운 풀잎 사이 접시꽃들.
수녀가 지푸라기 빛 천 위에
비단향꽃무를 수놓는다.
잿빛 새잡이 그물에
색색깔의 일곱 새들이 난다.
멀리서 교회가 으르렁댄다,
배를 쳐들고 으르렁대는 곰처럼.
곱게 곱게 수를 놓는다, 참으로 예쁘게……
지푸라기 빛 천 위에 그녀는
자기 꿈속의 꽃들을 수놓고 싶다.
예쁜 해바라기 꽃! 예쁜 리본들과
금딱지로 치장한 예쁜 목련 꽃!
미사에 쓰는 성단 덮개에 수놓은

샛노란 사프란 꽃과 예쁜 거울들……
귤 같은 토롱한 꽃 다섯 개
가까운 부엌에서 쓴맛을 뺀다.
알메리아에서 베인
그리스도의 다섯 상처들……
수녀의 눈앞을 두 명의
말 타기 명수들이 달려간다.
그녀의 속옷에서 마지막
귀먹은 소음이 떨어지고,
축 처진 먼 풍경 속의
산과 구름들을 보자,
설탕과 마편초의 그녀
순연한 가슴이 찢어진다.
오! 스무 개의 해를 위로 하고
우뚝 솟아오른 아름다운 평원……
그녀의 꿈과 상상의 눈에
비치는 불끈 일어선 강들…….
그러나 그녀는 계속 꽃을 수놓는다.
그녀의 높은 철창 유리에는
미풍 속에 햇빛이 일어나
신나게 장기 놀이를 한다.

부정한 유부녀

— 리디아 카브레라와 그녀의 네그리타에게

그리고 나는 그녀를 강으로 데리고 갔다,
아가씨인 줄 알고.
하지만 남편이 있었다.
산티아고 축제의 밤이었지.
거의 약속이나 한 듯이
가로등들이 꺼지고
귀뚜라미들이 불을 밝혔지.
마지막 길모퉁이에서
잠든 그녀의 가슴을 만졌지.
그러자 갑자기 그 가슴은 내게
히아신스 꽃다발처럼 벌어졌지.
속치마의 풀기가 내 귀에
열 개의 칼로 찢긴
비단 조각처럼 들렸지.

이파리들에 은빛조차 없는
나무들이 불쑥 키가 크고,
강 먼먼 곳에서는
개들의 수평선이 짖어 댔다.

       *

       찔레 덩굴과 갈대
가시나무, 골풀을 지나,
그 머리칼 덤불 밑
진흙 위에 구멍을 팠지.
나는 넥타이를 풀고
그녀는 옷을 벗었어.
나는 권총 찬 허리띠를 풀고
그녀는 네 개의 속옷을 풀고……
수선화도 소라도 그렇게
고운 살결은 아니겠지,
달빛에 비친 유리창도
그렇게 반짝이진 않지.
그녀의 허벅지가 마치 놀란
물고기처럼 내게서 빠져나갔지,
절반은 빛으로 가득 차서,
절반은 추위로 떨면서.

그날 밤 나는 내 인생
최고의 길을 달렸지,
박차도 고삐도 없는
자개 빛 암말을 타고.
사나이로서 난 그녀가 내게
한 말들을 떠벌리지는 않겠다.
지혜의 빛이 나로 하여금
대단히 사려 깊게 하니까.
키스와 모래로 얼룩진 그녀를
나는 강에서 데려왔다.
바람이 백합꽃 칼들과
씨름을 하고 있었다.

　　　　나는 나답게, 정식 집시
신사답게 행동했지.
밀짚 색깔의 반반하게 생긴
커다란 반짇고리를 선사했지.
그리고 사랑하고 싶지는 않았지.
왜냐하면, 남편이 있으면서
강으로 데려갈 때
내게 아가씨라고 했으니까.

검은 한(恨)의 이야기

— 호세 나바로 파르도 교수에게

닭들이 괭이로 땅을 파
여명을 찾는다, 솔레다드 몬토야가
어두운 산으로 내려올 때면.
그녀의 구릿빛 노란 살결은
말 냄새, 어둠 냄새가 난다.
그녀의 가슴은 연기에 그슬린
대장간 모루, 신음처럼
둥그런 노래를 뱉어 낸다.
솔레다드 아씨, 이 시간에
친구 하나 없이, 누굴 찾는가?
누가 누굴 찾든지, 말해 봐요
그대에게 그게 무슨 상관인데?
내가 찾아온 것은 내가 늘 찾는 것,
나의 즐거움과 나의 개성.

니를 �정게 하는 솔레다드 아씨,
재갈 풀린 말은 마침내
바다를 만나고. 그리고 끝내
파도에 먹히게 되지요.
바다 이야기는 하지 말아요,
올리브의 땅, 올리브 나무
이파리의 소리 아래서
검은 한(恨)이 솟구쳐요……

솔레다드 아씨, 한도 참 많으시네요!
그렇게 아픈 한이 있으시군요!
쓰라린 기다림에 입맛이 시고 쓴
레몬 즙 같은 울음을 우시네요.
참으로 한이 많아요! 우리 집을
미친 여자처럼 쏘다녀요,
부엌에서 침실까지, 내 두 갈래
머리칼을 땅에 질질 끌면서요.
한이 많아요! 내 살결이며 옷이
온통 흑옥 색깔로 변하네요.
아이, 실로 짠 내 속옷들!
아이, 아마폴라 색깔 내 허벅지!

솔레다드 아씨, 그대 몸을

종달새 물로 씻어요, 그리고
제발 그대 가슴을 편안히
쉬게 하세요, 솔레다드 몬토야.

        *

      밑으로는 강물이 노래하네:
강물은 하늘과 이파리들 주름치마.
호박꽃들로 새로운 빛이
월계관을 쓰고 나오네.
아, 집시들의 한이여!
항상 맑고 고독한 한(恨).
아, 새벽은 멀고 먼
숨겨진 물길의 한이여!

성 미겔* 천사

— 디에고 부이가스 데 달마우에게

그라나다

베란다로부터 보이는 것은
산 쪽으로, 산 쪽으로, 산 쪽으로
해바라기를 가득 짊어진
노새들과 노새 그림자들.

어두운 그늘 속에 그들 눈들은
크고 막막한 밤기운에 촉촉이 젖는다.
굽이굽이 돌아가는 바람결에
소금기 젖은 여명이 찢기는 소리.

하얀 노새들의 하늘이
수은 빛 눈들을 감는다.
고요한 어둠에 마지막
심장의 박동을 전한다.

그리고 아무도 만지지 못하도록
다우로 강물이 차가워진다.
산 쪽으로, 산 쪽으로, 산 쪽으로
미친 듯, 활짝 펼쳐진 물.

          *

        성 미겔은 자기 탑의
침실에서, 레이스를 가득 단
치마를 입고, 등불에 에워싸인
자기 넓적다리를 내보인다.

        열두시를 가리키듯 오른팔을
번쩍 치켜든 가정적인 천사 아저씨는
화난 척, 그러나 다정하게
밤꾀꼬리와 깃털들을 내보인다.
성 미겔은 유리창에서 노래한다;
3천 밤의 미성년의 모습,
화장수 향수로 향기로우나
꽃과 사랑에는 멀고 먼……

바다는 바닷가에서
발코니들의 시를 춤춘다.
달이 있는 물가에는 갈대들이
사라지고 목소리만 살아난다.
해바라기 씨를 먹고 오는
멋쟁이 아가씨들, 동판으로 만든
천체처럼 숨겨진 커다란 엉덩이들.
키 큰 멋쟁이 신사들도 오고
슬픈 행색의 귀부인들도 오고……
그녀들은 어제의 사랑과 꾀꼬리의
향수에 젖어 가무잡잡한 얼굴.
그리고 샛노란 사프란에 눈이 먼
가난한 마닐라 대승정이
여자들 남자들을 위한
양날의 칼 같은 미사를 올린다.

*

성 미겔은 자기 탑의 침실에서
조용히 남아 있다, 반짝이와 은박지 따위
잔뜩 박힌 속치마를 입고……

성 미겔, 모든 천체의 왕이시여,
외침과 망루로 성을 지키던
처음 북아프리카 베르베리아에서
짝이 없는 홀수 숫자의 왕, 성 미겔.

성 가브리엘

—아구스틴 비뉴알레스 교수님께

세비야

갈대같이 예쁜 사내,
어깨는 넓고, 날씬한 몸매,
밤 사과 같은 피부,
슬픈 입과 커다란 두 눈.
뜨거운 은빛 힘줄의 사내가
텅 빈 거리를 누빈다.
반짝이는 에나멜 구두가
거룩한 짧은 조가(弔歌)를
노래하는 두 리듬으로
달리아 향 짙은 바람을 가른다.
바닷가에는 그 아이처럼 멋진
야자수도, 월계관을 쓴
황제도, 나그네 샛별도 없다.
그가 벽옥 같은 그의

가슴에 머리를 숙이면,
밤은 그 앞에 무릎을
꿇고 싶어 평원을 찾는다.
수양버들의 적, 작은 비둘기를
길들이는 성 가브리엘 천사를 위해
기타는 혼자 소리를 낸다.
성 가브리엘이여, 아이가
엄마의 배 속에서 울어요.
집시들이 성자께 옷을
선사한 것을 잊지 말아 주세요.

세비야로 가는 길에 체포된 캄보리오가(家)
안토니토*

—마르가리타 시라우에게

　　　　캄보리오가의 손자이며 아들
안토니오 토레스 에레디아가
버들가지 하나를 흔들며
세비야로 투우 보러 간다.
파란 달의 가무잡잡한 사내가
서서히 멋을 풍기며 걷는다.
기름 바른 곱슬곱슬 곱슬머리가
그의 눈 사이로 반짝인다.
길 중간쯤 가다가, 동그란
레몬들을 따서 강물에 던진다.
이윽고 강물 색은 황금빛이 된다.
그리고 길 중간쯤 갔을 때
어느 느티나무 가지 아래서
도로 민병 대원에게 잡혀

팔짱을 낀 채 잡혀갔다.

*

하루는 서서히 저물고
석양은 투우사의 어깨에 걸린 듯
바다와 시냇물 위에
긴긴 망토를 드리운다.
올리브들은 염소자리
동짓달 밤을 기다린다.
짧은 미풍 한 자락 말을 타고
납처럼 무거운 산들을 뛰어넘는다.
캄보리오가의 손자이며 아들
안토니오 토레스 에레디아가
민병대 다섯 사람 모자 사이
버들가지 없이 온다.

안토니오, 너는 누구인가?
네 성이 진정 저 유명한
집시 가문 캄보리오라면,
이미 벌써 다섯 줄기
피의 분수를 만들었어야지.
너는 누구의 자식도 아니고

정시 캄보리오는 징밀 아니냐.
산으로 혼자 떠돌곤 하던
집시들은 이제 끝났다!
그 오랜 칼들은 먼지 아래서
벌벌 떨고 있을 뿐.

             *

         밤 아홉시에
그를 감방으로 데려간다.
그러는 동안 민병 대원들은
모두 레몬주스를 마신다.
그리고 밤 아홉시에
그를 감방에 가둔다,
밤하늘이 망아지 엉덩이처럼
반짝이는 순간.

캄보리오가(家) 안토니토의 죽음

— 호세 안토니오 루비오 사크리스탄에게

과달키비르 강 가까이
죽음의 소리가 울려 퍼졌다.
사나이다운 카네이션 목소리를
에워싸는 오래된 목소리들.
긴 장화 위에 멧돼지의
이빨 자국이 찍혔다.
결투를 하며 돌고래처럼 매끄럽게
이리 뛰고 저리 뛰었다.
그의 연지 빛 목댕기가
적의 피로 피범벅이 되었다.
그러나 칼은 네 개였고
결국 그는 쓰러질 수밖에……
별들이 잿빛 강물에
투우사의 창들을 꽂을 때,

어린 투우들이 비단향꽃무 향기의
투우사의 가빠를 꿈꿀 때,
죽음의 소리가 울려 퍼졌다,
과달키비르 강 가까이에서.

    *

   안토니오 토레스 에레디아,
사자 갈기 같은 캄보리오가 아들,
파란 달의 가무잡잡한 사내,
사나이다운 카네이션 목소리:
과달키비르 강 가까이에서
누가 너의 목숨을 끊었는가?
베나메히의 자식들, 에레디아 성의
나의 사촌 네 명이지요.
다른 사람들은 시기하지 않으면서
벌써 나를 시기 질투했었지요.
코린트 색깔의 구두에
상아 메달들, 그리고 올리브와
재스민 꽃으로 다져진 이 피부.
아, 캄보리오가 안토니토는
대황후의 배필감이었어!
이제 너는 죽게 될 것이니,

성모 마리아를 기억하라.
아, 페데리코 가르시아,*
민병대를 불러 다오!
이제 내 몸뚱이는 옥수숫대처럼
산산이 부서졌구나.

         *

        세 차례 피의 공격을 받고
옆으로 누워 죽었다.
절대 다시는 볼 수 없을
생명의 산증인.
멋쟁이 천사 같은 사나이가
방석에 머리를 누인다.
피로에 지쳐 홍조를 띤
다른 사람들은 촛불을 켰다.
사촌 넷이 베나메히에 오면
과달키비르 강 가까이에는
죽음의 소리가 울려 퍼졌다.

말을 탄 돈 페드로의 징난

—연못들이 있는 로맨스

한 오솔길로 돈 페드로가
가고 있었지.
아, 기사님께서 얼마나
울면서 가는지……
고삐 없는 날렵한
말을 타고, 빵과
키스를 찾아오고 있었지.
모든 창문은 바람에게
기사님의 어두운 울음에
대해 울었지.

첫 번째 연못

물 밑으로 계속

말들이 흘러가고,
물 위에서는
둥그런 달이
목욕을 하고,
높이 뜬 다른 달의
질투를 불러일으키며……
물가에서
한 아이가
그 달들을 보고 하는 말:
밤아, 저 접시들 좀 만져 봐!

계속

어느 먼 도시에
돈 페드로가 도착했지,
삼나무 숲 사이
황금의 도시.
여기가 베들레헴일까?
대기에 향기로운
로즈메리 꽃과 박하들.
옥상과 구름들이
반짝인다. 돈 페드로는
부서진 아치 밑으로

지나긴다. 그를 마중 나온 건
두 여인과 은 램프를 든
한 노인.
버드나무들은 말한다: 안 돼.
그러나 꾀꼬리는, 두고 보자구…….

두 번째 연못

물 밑으로는 계속
말들이 흘러가고,
물의 머리칼 위에서는
새들과 불길들의 운이 그려진다.
그리고 갈대밭 언저리로는
없는 것을 아는 증인들.
기타의 나무 판때기의
지향 없는 구체적인 꿈.

계속

평평한 길로 두 여인과
은 램프를 든 노인이
묘지를 찾아간다.
사프란 꽃들 사이

돈 페드로의

검은 말이 죽어 있는 것을

발견했다.

오후의 은밀한

목소리가 하늘에

대고 짖어 댔다.

그리움의 외뿔 짐승이

자신의 뿔을 수정으로 부순다.

멀리 큰 도시가

불타고 있다.

그리고 한 사람이

뭍에서 울고 있다.

북쪽에는 별이 하나,

남쪽에는 뱃사람 하나.

마지막 연못

물 밑으로는

말들이 남았다.

잃어버린 목소리들의 진흙.

차가워진 꽃 위에,

잊혀진 돈 페드로가

아, 개구리들과 놀고 있다.

제4부

뉴욕에 온 시인*

(1929~1930)

컬럼비아 대학에서의 고독의 시들

분노는 사랑의 열기,
사랑은 망각의 열기.
  —루이스 세르누다

광장 모퉁이

하늘에 살해당한 자.
뱀을 향하여 가는 형태들과
수정을 찾는 형태들 사이,
나는 내 머리카락이나 키우리라.

팔다리 잘린, 노래하지 않는 나무와
달걀 같은 하얀 얼굴의 아이와

머리기 부시진 작은 짐승늘과
두 발이 바짝 마른 넝마주이 물과

귀먹은 벙어리 피로를 가진 모든 것,
잉크병에 빠진 나비와 함께

날마다 다른 내 얼굴과 맞부딪치며 사는
하늘에 살해당한 자여!

여명

뉴욕의 여명에는
네 개의 진흙 기둥과
썩은 물에서 물장구치는
검은 비둘기들의 폭풍이 있다.

뉴욕의 여명은 엄청나게 큰
계단 언저리에서 신음한다
모퉁이 사이에서 고뇌가 그려진
수선화들을 찾으며.

여명이 오지만 아무도 자기 입에 여명을 받아들이지 않는다 거기에는 기대할 만한 희망도 내일도 없으니까.
때때로 성난 벌 떼들 사이 동전들이 파고 들어가
버려진 아이들을 집어삼킨다.

처음 나온 사람들은 뼛속까지 안다
이제 낙엽처럼 떨어진 사랑도 낙원도 없다는 것을.
그들이 가는 길은 숫자와 법칙의 진흙탕,
멋없는 놀이, 열매 없는 땀방울뿐이라는 것을 안다.

햇빛은 뿌리 없는 과학의 염치 없는 도전 속
소음과 쇠사슬 속에 파묻힌다. 빈민촌으로 가면
피의 조난에서 금방 살아 나온 사람들처럼
불면증에 걸려 쏘다니는 사람들이 있다.

세 친구의 당구 놀이 우화

엔리케,
에밀리오,
로렌소.
이 세 사람은 꽁꽁 얼어 있었다.
엔리케는 침대들 세상 때문에,
에밀리오는 손들의 상처와 눈들의 세상 때문에,

로렌소는 지붕도 없는 대학늘 때문에.

로렌소,

에밀리오,

엔리케.

이 세 사람은 불에 타 있었다.

로렌소는 당구공들과 이파리들 세상 때문에,

에밀리오는 하얀 핀들과 피의 세상 때문에,

엔리케는 버려진 신문들과 죽은 사람들 세상 때문에.

로렌소,

에밀리오,

엔리케.

이 세 사람은 매장되어 있었다.

로렌소는 식물들의 예쁜 가슴 하나에,

에밀리오는 술잔에 잊고 간 누워 있는 진 속에서,

엔리케는 새들의 텅 빈 눈들과 바다와 개미 속에.

로렌소,

에밀리오,

엔리케.

이 세 사람은 내 손에

세 개의 중국 산들,

세 개의 말 그림자

세 개의 눈 내린 풍경과 하나의 흰 백합으로 지은 움막,

하늘의 달도 수탉 아래 납작하게 엎드려 자는 그런 비둘기 집들
이 있는 곳.

하나

그리고 하나

그리고 하나.

이 세 사람은 미라가 되어 있었다,

겨울의 파리들로,

민들레 털이 무시하는, 개가 오줌 싸는 잉크병들 속에,

모든 어머니들의 가슴을 얼어붙게 하는 미풍으로,

술 취한 사람들이 밤참으로 죽음을 먹는 곳, 유피테르 신의 하
얀 타락 때문에.

셋

그리고 둘

그리고 하나.

나는 그들이 울면서 타락하는 것을 보았다,

암탉의 달걀 하나 때문에 울면서 노래하면서,

담배의 해골을 보여 주곤 하던 밤 때문에,

달의 부서진 송곳 같은 파편들, 얼굴들로 가득한 나의 고통 때
문에,

채찍질이니 이빨 빠진 바퀴들 같은 나의 기쁨 때문에,
비둘기들로 어지러워진 나의 가슴 때문에,
잘못된 외로운 나그네 하나밖에 없는 공허한 나의 죽음 때문에.

네가 그 마지막 다섯 번째 달을 죽였다.
이윽고 부채들도 박수들도 대접들로 물을 마셨다.
갓 출산한 것들의 안에 갇혀 있는 따스한 젖이
길고 하얀 고통으로 장미들을 뒤흔들었다.
엔리케,
에밀리오,
로렌소.
달의 여신 디아나는 냉정하다.
그러나 때때로 가슴에 안개가 낀다.
사슴의 피 속에 하얀 돌의 맥박이 뛸 수 있다.
그리고 사슴 또한 말의 눈으로 꿈을 꿀 수 있다.

들국화가 귀뚜라미처럼 우는 가운데
순연한 형태들이 무너졌을 때,
나는 내가 이미 살해당한 것을 이해했다.
그들은 카페며 묘지며 교회들을 누비고 다녔다.
그들은 술통이며 장롱들을 열어젖혔다.
금이빨들을 빼내기 위해 해골 세 개를 다 부쉈다.
이미 나는 거기 없었다.

나를 찾지 못했다고?

못했다. 나를 찾지 못했다.

그러나 여섯 번째 달이 급물살을 타고 위로 달아난 것을 알았다.

그리고 바다는, 문득 갑자기!

바다에 빠져 죽은 모든 이들의 이름을 기억해 냈다.

턱 아래 다가온 너의 어린 시절

> 그래, 너의 어린 시절, 그것은 이제 샘물이 들려주는 옛이야기.
>
> ─ 호르헤 기옌

그래, 너의 어린 시절, 그것은 이제 샘물이 들려주는 옛이야기.

하늘 가득 채우는 기차와 여자.

여관에서의 냉랭한 너의 고독이나

다른 표정의 너의 순수한 가면.

그것은 바다의 어린 시절. 그리고 거기 너의 침묵 속에서

유리알 같은 지혜들이 다 부서지곤 했지.

나의 흉상이 불의 제한을 받았던 곳에

굳어진 순진함이 있지.

사랑의 법칙을 너에게 주었지, 아폴론의 사나이여,

사랑을 노래하는 넋 나간 꾀꼬리와 통곡.

그러나, 그것은 타락의 목초, 너는 지향 없는

짧은 꿈들을 위하여 갈을 살았지.

정면의 생각, 어제의 빛,

우연의 표시와 이정표들.

가만있지 않는 너의 모래 허리는

오직 올라갈 길 없는 고물들에만 관심을 둔다.

그러나 나는 구석구석 헤매며 너의 영혼을 찾으리라,

너를 이해하지 못하는 너 없는 너의 따스한 영혼.

붙잡힌 아폴론의 고통으로

나는 네가 쓴 가면을 깨뜨려 버렸다.

거기, 사자, 거기 하늘의 분노,

나는 나의 볼에서 풀을 뜯게 하리라;

나의 볼에서, 나의 광기의 푸른 말이여,

은하수의 맥박, 초침 분침이여.

나는 전갈의 돌들과 어린 네

어미의 옷들을 찾아야 한다,

한밤의 통곡과 죽은 자의 관자놀이에서

달을 앗아 간 찢어진 옷감.

그래, 너의 어린 시절, 그것은 이제 샘물이 들려주는 옛이야기.

내 핏줄의 빈 구멍의 이상한 영혼이여,

나는 작고 뿌리 없는 너를 찾아야 한다.

영원한 사랑, 사랑, 절대 불가능한 사랑!

아, 그렇다! 나는 원한다. 사랑, 사랑이여! 나를 내버려 두라.

하얀 눈 대신 농경의 신 사투르누스의

이삭을 줍는 자들이여, 내 입을 막지 마라.

아니면 하늘 하나 때문에 짐승들의 고환을 도려내는 자들

해부의 밀림, 병원이여, 나를 버려두라.

사랑, 사랑, 사랑, 바다의 어린 시절이여.

너를 이해하지 못하는 니 없는 너의 따스한 영혼.

사랑, 사랑, 그것은 끝없는 하얀색의

가슴을 찾아 날아오르는 암노루의 비상.

그리고 너의 어린 시절, 사랑, 그리고 너의 어린 시절.

하늘 가득 채우는 기차와 여인.

너도 나도 바람도 이파리도 아니다.

그래, 너의 어린 시절, 그것은 이제 샘물이 들려주는 옛이야기.

흑인늘

—앙헬 델 리오에게

흑인들의 낙원과 법칙

그들은 하얀 볼의 밀물 위
새의 그림자를 증오한다.
그리고 차가운 눈발의 살롱에서
빛과 바람이 싸우는 것을 미워한다.

그들은 몸 없는 화살을 증오한다,
이별의 정확한 손수건을 미워한다.
미소의 밀알 같은 홍조 속에서
장미와 압력을 유지하는 바늘.

그들은 사막 같은 푸름을 사랑한다,
소같이 주저주저하는 표현들,

북극 남극의 거짓 달과
강가에 굽이치는 물의 춤을 사랑한다.

둥치와 발자취의 지혜로
점토 흙을 빛나는 신경으로 채우고,
물이며 모래 위를 미끄러지듯 스키를 타며
입 안에 고이는 천 년의 침의 쓰라린 신선함을 맛본다.

그들이 가는 길은 잠자는 발자취 하나 없는
구더기 하나 없이 푸른, 소리 나는 푸름의 길.
거기에서는 타조의 알들이 영원하고
춤추는 빗방울들이 아무 거리낌 없이 돌아다닌다

그들이 가는 길은 역사 없는 푸름의 길,
낮이 올 두려움 없는 한밤의 푸름.
벌거숭이 바람이 빈 구름 낙타들의
몽유병을 까부수는 푸름의 길.

거기는 걸신들린 풀 밑에서 흉상들이 꿈꾸는 곳.
거기는 산호들이 빛깔의 초조함을 스며들게 하고,
잠자는 이들은 소라들의 실 꾸러미 아래서 옆모습을 지우고
마지막 잿더미 위에 춤의 빈 터가 남아 있는 곳.

버려진 교회

— 대전쟁의 발라드

나는 아들이 하나 있었는데, 이름이 후안이었어요.

나는 아들이 하나 있었어요.

모든 죽은 이들의 금요일 내 아들은 개선문 근방에서 사라졌어요.

미사를 올리던 마지막 계단에서 노는 것을 보았지요.

그리고 사제의 가슴에 양철통을 던지데요.

나는 관들을 두들겼어요. 내 아들아! 내 아들아! 내 아들아!

달 뒤에서 암탉의 발 하나를 꺼냈지요. 그러자 나는 곧

내 여자 아이가 물고기인 것을 알았어요.

그쪽으로 달구지들이 멀어져 가지요.

나는 여자 아이가 하나 있었어요.

나는 향로의 잿더미 밑에 죽은 물고기 하나 있었어요.

나에게는 바다가 하나 있었지요. 어디 바다요? 저런! 바다라니까요!

나는 종을 치러 올라갔어요, 하지만 열매들에는 구더기가 있었어요,

그리고 불 꺼진 성냥들이

봄의 밀밭을 잡아먹고 있었어요.

나는 알코올로 된 투명한 학이

죽어 가는 군인들의 까만 머리 껍질을 벗기고 있는 것을 보았

어요.

그리고 고무로 된 움막들도 보았지요.

그 안에서는 눈물을 가득 담은 술잔들이 돌고 있었어요.

성찬 봉헌의 아네모네 속에서 너를 찾게 되겠지, 사랑하는 내 아이야!

사제가 그의 강력한 두 팔로 노새와 황소를 들어 올릴 때,

그 성배의 얼어붙은 풍경 속에 얼씬거리는 밤의 두꺼비들을 쫓아내려고……

나는 아들이 하나 있었지요, 거인이었어요.

하지만 죽은 사자들이 더 힘이 세지요, 하늘 조각도 삼킬 줄 아니까요.

내 아이가 곰이었다면,

나는 악어 떼들의 잠복도 두려워하지 않았을 거예요,

나무들을 붙잡고 매달려 있는 바다도 보지 않았을 거예요,

군대의 무리들에게 공격당하고 강간당하지 않았고요.

아, 내 아이가 곰만 되었더라도……

나는 이끼들의 차가움이 싫어, 이 딱딱한 고무 텐트 위에 몸을 감싸겠어요.

나에게 넥타이나 축가를 불러 줄 걸 잘 알지요.

하지만 미사 중간에 나는 배 키를 부수겠어요. 그러면

펭귄이나 기러기들의 광기가 돌에게 오겠지요,

그 새들은 구석에서 노래하는 자들, 잠자는 자들에게 말하게 할 거예요,

그는 히니의 아들을 가졌었노라고…….

한 아들! 한 아들! 한 아들을!

자기 아들이기에 더 이상 누구의 것도 될 수 없었던 한 아들!

그의 아들! 그의 아들! 그의 아들!

거리와 꿈들

— 라파엘 R. 라푼에게

가슴에 종이비행기 하나
입맞춤의 계절은 오지 않았다고 말한다.

—비센테 알레익산드레

죽음의 춤

커다란 가면. 저 커다란 가면무도회를 보라
아프리카에서 뉴욕으로 오는 가면.

후추나무들은 떠나 버렸다,
그 작은 성냥 단추들.
살이 찢어진 낙타들은 가 버리고
부리로 빛을 일으키던 백조의 골짜기도 가 버렸다.

그때가 미른 사물들의 순간이었지:
눈에 이삭과 동판 입힌 고양이가 있던 시절,
커다란 교량의 쇠에 녹이 슬던,
결정적으로 코르크가 침묵하던 시절.

그때는 햇빛의 칼이 관통한
죽은 짐승들의 커다란 집회였지.
잿더미 발톱을 가진 하마의 영원한 즐거움,
그리고 목구멍에 항상 살아 있는 떡쑥을 단 영양의 즐거움.

물살 없는 시든 고독 속에서
다 찌그러진 큰 가면이 춤을 추었지.
세상의 반쪽은 모래였고
다른 반쪽은 수은과 잠든 햇살.

커다란 가면. 저 커다란 가면무도회를 보라!
뉴욕에 쏟아진 모래와 악어와 공포.
산 사이 좁은 길이 텅 빈 하늘을 가두어 두었지.
거기 바닷새 똥 밑에 죽어 가는 이들의 목소리가 들리곤 했었지.
자신의 모습과 똑같은 형상을 한 껍질이 벗겨진 순연한 하늘이
보이지 않는 산들의 날카로운 백합과 잔털들을 달고,
아주 가벼운 노래의 작은 줄기들까지 없애고
상자에 담은 수액의 홍수에게로 갔지,

꼬리로 거울 조각들을 일으키며
마지막 옆모습들의 휴식을 통하여.

중국 사람이 자기 아내의 나체를
찾지 못하고 지붕에서 울 때,
은행장이 돈의 잔인한 침묵을 재는
압력계를 관찰하고 있을 때,
커다란 가면 행렬이 월 스트리트로 당도했었지.

노란 눈들을 모셔 놓은 이런 유골 안치소가
춤추는 데 이상할 것은 없지.
스핑크스와 거대 금고 사이 팽팽한 줄이
모든 가난한 아이들의 심장을 뚫고 지나가고,
원시적 충동이 기계적인 충동과 함께
원초적 햇살의 정열 속에서 아무것도 모르고 춤춘다.
왜냐하면 바퀴가 자기의 공식을 잊을 때
말 떼들과 벌거벗고 노래할 수도 있으니까.
그리고 하나의 불길이 얼어붙은 기획들을 태울 때,
창문들의 난장 법석 앞에서는 하늘도 달아날밖에.

이 장소가 춤추는 데 이상할 것은 없지. 이 말이 내 말이지.
커다란 가면이 춤을 추리라, 피와 숫자의 기둥들 사이에서,
황금의 폭풍과 실직한 노동자들의 신음 소리 속에서.

춤을 추며 울부짖으리라, 어두운 밤이여, 빛 없는 너의 시대 때문에.
아, 야만의 아메리카여! 아, 철면피의 아메리카여! 아, 야만인
들이여!
눈 덮인 국경에 누워 자빠진 아메리카여!

커다란 가면, 가면무도회를 보라!
뉴욕에 밀려온 진흙과 반딧불의 물결.

　　　　*

나는 발코니에서 달과 싸우고 있었지.
벌 떼 같은 창문들이 밤의 허벅지를 난도질하고 있었지.
그 많은 하늘의 다정한 소들이 내 눈에서 물을 마시고
긴 노를 젓는 산들바람이
브로드웨이의 잿빛 유리창들을 두들겼지.

핏방울이 사과의 죽은 씨앗을 흉내 내려고
별의 노른자 빛을 찾아 헤맸지.
목동들에게 떠밀려 온 평원의 바람이
조개껍데기 없는 연체동물처럼 공포에 떨었지.

하지만 춤을 추는 이들은 죽은 이들이 아니지.
나는 확신해.

죽은 이들은 자신의 손을 집어삼키느라 정신이 없으니까.
가면을 쓴 채 비후엘라를 들고 춤을 추는 것은 딴 사람들이지.
차가운 사람들, 돈에 취한 위인들은 딴 사람들이지.
혹독한 불길과 허벅지의 교차로에서 잠자는 자들,
층계가 있는 풍경 속에서 지렁이를 찾는 자들,
은행에서 죽은 여자 아이의 눈물을 마시는 자들,
아니면 길모퉁이에서 여명의 작은 피라미드를 먹는 자들은 딴
사람들이지.

교황께서는 춤을 추지 마시도록!
안 되지, 교황은 춤을 춰서는 안 돼!
왕도
푸른 치아의 백만장자도,
성당의 깡마른 댄서들도,
건축 업자들도, 에메랄드도, 미치광이들도, 변태들도
춤을 춰서는 안 돼.
오직 이 가장무도회만
이 오랜 주홍색 비단 가면만
오직 이 가면만 춤을!

이제 코브라들이 마지막 층에서 휘파람을 불리라.
이제 쐐기풀들이 마당이며 발코니를 덮고 떨게 하리라.
이제 증권 시장은 이끼 덮인 피라미드가 되리라.

이제 층들 뒤에는 능나무들이 오리라.
그것도 곧 빨리, 곧 빨리, 곧 빨리!
아, 월 스트리트!

　커다란 가면. 커다란 가면무도회를 보라!
　뉴욕의 불완전한 번뇌를 위해
　원시 숲의 독을 침 뱉고 있지 않은가!

구토하는 수많은 대중의 정경

— 코니아일랜드의 저녁

뚱뚱한 여자가 앞에 간다
뿌리들을 뽑으며, 북들의 양피지를 적시며.
죽어 가는 문어들을 거꾸로 뒤집어 놓은
뚱뚱한 여자.
달의 적, 뚱뚱한 여자는
사람 없는 아파트로, 거리로 쏘다니다가
구석구석에 비둘기의 작은 해골들을 놓고 간다.
그리고 마지막 세기 파티의 분노를 일으킨다.
그리고 쓸고 간 하늘의 언덕으로 빵의 귀신을 부른다.
그리고 지하의 교통에 빛에 대한 안타까움을 스며들게 했다.
그것들은 묘지이다. 나도 알고 있다. 그것들은 묘지이다.

그리고 모래 밑에 묻힌 부엌의 고통.

그들은 주검들이다, 다른 시간의 사과나 꿩들

목구멍에서 우리를 밀어 올리는 것들.

구토하는 밀림의 소리들이 들려왔다

뜨거운 밀랍 아이들과 텅 빈 여자들과 함께,

발효된 나무들과, 쉬지 않고 일하는 웨이터들.

그들은 침으로 만든 하프 밑에 소금 접시를 가져다 놓는다.

무슨 수가 있겠는가, 이 사람아, 토하라! 방법이 없다.

창녀의 가슴 위에서 토하는 헝가리 기병들 구토가 아니다.

잘못해서 쥐를 삼킨 고양이의 구토가 아니다.

눈바람과 디저트가 썩어 가는 무덤의 딱딱한 석영 문들을

흙손들로 후벼 파는 죽은 자들이 그들이다.

뚱뚱한 여자가 앞에 왔다

정원의 사람들과 주막에서, 배에서 온 사람들과 함께.

달에게 보호를 청하던

피의 소녀들 몇 명 사이

구토는 가냘프게 북을 흔들어 대곤 했다.

아, 이걸 어쩌나! 이걸 어쩌나! 이걸 어쩌나!

이 나의 눈길은 나의 거였다. 그러나 이제 나의 것이 아니다.

알코올로 벌거벗은 채 떨고 있는 이 눈길,

포구의 말미잘들 언저리에서

상상도 할 수 없는 배들을 떠나보내는
이 눈길은 나의 것이 아니다
여명도 감히 다가오지 못하는 물결에서 솟아나는
이 눈길이 나를 방어한다.
구역질하는 수많은 대중 속에서
나는 길을 잃은, 팔을 잃은 시인,
지금 나에게는, 나의 관자놀이에 무성한
이끼들을 잘라 낼 열정의 말[馬]도 없다.

그러나 뚱뚱한 여자는 계속 앞에 가고 있었다.
사람들은 열대의 쓴맛이 고인
약방들을 찾고 있었다.
깃발을 올리고, 첫 번째 개들이 다가왔을 때
비로소 온 도시가 부두의 난간으로 우르르 몰려왔다.

수많은 대중이 오줌 깔기는 정경
— 배터리 플레이스의 야상곡

그들은 홀로 남았다:
마지막 자전거의 속도를 기다린 것.
그들은 홀로 남았다:
일본 돛단배에서 한 아이가 죽기를 기다린 것.

여자고 남자고 그들은 홀로 남았다,

마지막 죽어 가는 새들의 열린 입들을 꿈꾸며,

그들은 수천 개의 귀를 가진 침묵 아래

금방 깔려 죽은 두꺼비를

찌르는 날카로운 양산을 생각했다.

달빛의 횡포한 공격에

저항하는 산골짜기에

물의 조그만 입들을 생각했다.

돛단배의 아이가 울었다. 그리고 모든 세상사를

증인으로 지켜보고 번뇌에 빠져 있던 가슴들이 부서졌다.

왜냐하면 아직 검은 흔적의 하늘빛 바닥에는 니켈의 라디오와

입의 침과 어두운 이름들이 소리치고 있었기 때문이다.

마지막 핀을 꽂을 때 아이가 입을 다물고 있다는 것이 중요한
것은 아니다.

목화의 꽃 대가리에서 미풍이 무너졌다고 그것이 중요한 것은
아니다.

왜냐하면 죽음의 세계라는 것도, 결정적인 뱃사람들이

아치로 고개를 내밀었을 때, 나무들 뒤쪽으로

그대들을 얼어붙게 하는 그런 것도 있으니까.

밤이 갈 길을 잊은 곳에서 구태여

물굽이를 찾는 것은 부질없다,

밤이 찢어진 옷이나 껍질, 통곡이

없는 어떤 침묵을 숨어서 찾는다 해도…….

왜냐하면 거미의 조그만 산치 하나라도

온 하늘의 균형을 깨뜨리기에는 충분하니까.

일본 돛단배의 신음을 어찌할 방도는 없다,

길모퉁이와 부딪치는 이들 숨겨진 사람들을 어찌할 것인가.

들판도 뿌리들을 한곳에 모으려고 자신의 꼬리를 문다.

실꾸리도 그나마 풀 쪽으로 채워지지 않는 길이의 소망을 찾는다.

달! 경찰들. 대서양 횡단의 인어들!

고무장갑, 아네모네, 연기, 오줌의 파사드.

밤에는 모두 부서져 있다,

발코니에 가랑이들을 벌리고

모두 부서져 있다, 무서우리만큼

고요한 샘물이 흐르는 따스한 관 때문에.

아, 사람들이여! 아, 작은 여자들이여! 아, 군인들이여!

바보들의 눈 속으로 여행을 해 보는 게 필요하리라,

철조망으로 된 느린 코브라들이 휘파람 소리를 내는 자유로운
들판,

아주 신선한 사과들을 생산하는 무덤으로 가득한 풍경 속으로.

그리하여, 부자들이 렌즈 뒤에서 두려워 떠는

헤아릴 수 없이 많은 햇빛이 오게 하리라

백합과 쥐 두 쪽을 가진 한 몸의 냄새가 나게 하리라.

그리하여 한마디 신음 언저리에, 아니면 다시 되풀이되지 않는

파도가 눈 안에 들어오는 유리창에, 오줌을 깔길 수 있는

이 사람들이 다 불타 죽도록.

살인
— 리버사이드 드라이브에서의 새벽 두 목소리

— 어찌 됐어?
— 볼에 금이 갔어.
그게 전부야!
줄기를 조이는 손톱 하나.
물 밑을 떠도는 바늘, 핀 하나,
절규의 작은 뿌리들을 찾을 때까지.
그리고 바다는 움직임을 멈췄지.
— 어째? 어찌 됐어?
— 그랬다니까.
— 이봐, 그렇게 됐어?
— 그래.
심장이 혼자 나왔더구먼.
— 아이구, 아이구 저런…….

허드슨에서의 크리스마스

그 잿빛 스펀지!
금방 목이 잘린 그 뱃사람.
그 큰 강.

한계가 어두운 그 산들바람.
그 칼날, 사랑이여, 그 칼날.
뱃사람 넷이 세상과 싸우고 있었다.
모든 눈들이 보는 거친, 모가 난 세상과 싸웠다.
말 없이는 돌아다닐 수 없는 세상과 싸웠다.
한 사람, 백 사람, 수천의 뱃사람들이
날카로운 속도의 세상과 싸우고 있었다,
세상은 혼자라는 것을 알지도 못하고,
세상은 하늘 언저리에 혼자 있다는 것도 모르고.

세상은 혼자, 혼자 있는 하늘 언저리에 있었다.
그들은 망치들의 언덕들, 빽빽한 풀의 승리.
그들은 팔팔 살아 있는 개미굴들, 흙탕물 속의 동전들.
세상은 혼자, 혼자 있는 하늘 언저리에 있고
바람은 모든 마을의 입구에 있었다.

지렁이는 차바퀴의 공포를 노래했다.
목 잘린 뱃사람은
그를 껴안아 주게 될 물의 곰에게 노래했다.
그리고 모두들 할렐루야,
할렐루야를 노래했다. 아무도 없는 텅 빈 하늘.
다 마찬가지다, 마찬가지! 할렐루야.

나는 교회의 축대에서 온밤을 지샜다,

계획들의 석고에 내 피를 묻히며,

다 찢긴 돛폭들을 뱃사람들이 주워 모으도록 도와주면서.

그리고 나는 강어귀 소음 속에 빈손으로 서 있다.

순간마다 한 아이가

자기 핏줄의 꽃가지들을 흔든다 해도 관심 없다.

잎가지 밑에서 풀려 나온 독사가 새끼를 낳아

벌거숭이를 보는 사람들의 피의 목마름을 진정시킨다 해도 무
슨 상관이랴.

중요한 것은 이것, 텅 빈 공간. 혼자 있는 세상. 강어귀.

여명은 없다. 김빠진 옛이야기.

오직 이것, 이것은 강어귀.

아, 나의 잿빛 스펀지여!

아, 금방 잘려 나간 나의 목이여!

아, 커다란 나의 강이여!

아, 나의 한계가 아닌 한계의 나의 산들바람이여!

아, 나의 사랑의 칼날, 아, 선들선들한 칼날이여!

꿈 없는 도시

— 브루클린 브리지의 야상곡

하늘에 잠자는 사람은 아무도 없다. 아무도, 아무도.

아무도 자지 않는다.

달의 아이들은 무슨 냄새인가를 맡고 오두막집들을 맴돈다.

꿈꾸지 않는 사람들은 살아 있는 이구아나들이 몰려와서 물어

뜯으리라.

그리고 부서진 심장을 안고 달아나는 사람은 길모퉁이에서

별들의 사랑스러운 항의 아래 상상도 못할 악어와 맞닥뜨리

리라.

세상에 잠자는 사람은 아무도 없다. 아무도, 아무도.

아무도 자지 않는다.

가장 먼 묘지에는 3년 동안이나 탄식하는

죽은 자가 하나 있다,

무릎에 얹힌 풍경이 메말랐다고.

그리고 오늘 아침 매장한 아이는 너무 울어서

입을 다물게 하려고 개들을 불러야 할 정도였다.

꿈이 아니다, 인생은. 비상! 비상! 비상!

젖은 흙을 먹으려고 우리는 계단으로 넘어지거나

눈발의 칼날 위로 올라간다, 죽은 달리아 꽃의 합창을 들으며.

하지만 망각도 없고 꿈도 없다:

살아 있는 살. 입맞춤은 입들을 묶는다

갓 태어난 핏줄 다발로.

고통을 아프게 느끼는 자는 쉴 새 없이 아플 것이고

죽음을 두려워하는 자는 죽음을 어깨에 지고 다닐 것이다.

어느 날

말들은 술집에서 살게 될 것이고

성난 개미들은

소들의 눈 속에 몸을 피하고 있는 노란 하늘들을 공략할 것이다.

또 언젠가는

박제된 나비들이 부활하는 것을 보게 될 것이고

그리고 잿빛 스펀지와 입 다문 배들의 풍경 위를 더 걷다 보면

우리의 반지가 반짝이고 우리 혀에서 장미들이 무더기로 피는

것을 보게 되리라.

비상! 비상! 비상!

아직 소나기의 기억이나 닻을 올리고 출항하는 흔적을 간직하

고 있는 자,

교량이 발명되었다는 것도 모르고 울고 있는 저 소년,

아니면 머리와 구두 한 짝밖에 없는 저 죽은 자는

이구아나와 뱀들이 기다리고 있는 벽으로 데리고 가야 한다,

거기에서는 곰의 이빨들이 기다리고,

거기에서는 어린아이의 미라가 된 손이 기다리고
그리고 강력한 푸른 전율로 낙타의 살갗 털이 쭈뼛쭈뼛 서는 곳.

하늘에 잠자는 사람은 아무도 없다. 아무도, 아무도.
아무도 잠자지 않는다.
그러나 누구 하나 눈을 감으면,
때려라, 아이들아, 두들겨 패!
다들 쓰라린 상처에 불을 붙이고
눈들을 바짝 뜬 정경을 만들어야지.
세상에 잠자는 사람은 아무도 없다. 아무도, 아무도.
내가 이미 말했다.
아무도 자지 않는다.
하지만 밤에 누군가의 관자놀이에 과도하게 이끼가 많이 낄 때,
무대 밑바닥 문을 활짝 열어 줘, 달을 볼 수 있도록
거짓 술잔과, 독과 이 연극들의 해골을 볼 수 있도록.

뉴욕의 눈먼 파노라마

재 속에 싸여 있는
새들이 아니라면,
결혼식의 창문을 두들기는 신음 소리가 아니라면,
대기에서 온 연약한 아이들이리라,

사라지지 않는 이 어둠 속에 새로운 피를 쏟아 부으러 온.
하지만 아니다, 새들은 아니다,
새들은 곧 황소가 되게 되어 있으니까.
어쩌면 달의 도움으로 온 하얀 바위들일 수 있지,
그들은 항상 상처받은 소년들이니까,
재판관이 심판하기 전까지는.

모두들 죽음과 관련된 고통이라는 것은 이해한다.
하지만 진짜 고통은 정신 속에 있는 것이 아니다.
고통은 대기 속에도 우리 삶 속에도 없다.
연기로 가득한 이 발코니에 있는 것도 아니다.
사물들을 깨어 있게 하는 진짜 고통은
다른 제도들의 순박한 눈 속에 있는
불에 탄 끝없는 조그만 상처이다.

버려진 옷 하나가 얼마나 어깨에 무거운지
하늘이 여러 번 그것들을 거친 짐승 떼들 속에 모아 둔다.
마지막 순간에 새끼를 낳다가 죽은 짐승들은
모든 소음이 돌이 되고 모든 흔적이 맥박이 될 것을 안다.
우리들은 생각에 가장자리가 있는 것을 모른다.
거기에서 철학자가 중국인이나 배추벌레들에게 먹히는지 모른다.
어떤 바보 천치 아이들이 부엌 있는 데서

목발 짚은 조그만 제비들을 발견했는데,
그 새들이 사랑이라는 말을 발음할 줄 알았다던가.

아니다. 그 새들이 아니다.
연못의 흐린 열기를 표현하는 것은 새 한 마리가 아니다,
순간순간 우리를 억누르는 살인의 갈망도 아니다.
새벽마다 우리를 깨우는 첫소리 나는 자살의 소리도 아니다.
그것은 우리 모든 사람을 안에 넣고 고통을 주는 공기 캡슐.
그것은 빛에 미쳐 하나같이 모두 살아 있는 조그만 공간.
그것은 형언할 수 없는 층계, 거기에서 구름과 장미는
피의 부두로 끓어오르는 중국인 고함 소리를 잊는 곳.
나는 여러 번 길을 잃었다
사물들을 깨어 있게 하는 불탄 자국들을 찾기 위하여;
그러나 내가 찾은 것은 베란다에 누워 있는 뱃사람들과
눈 속에 묻힌 하늘의 작은 아이들.
그러나 진짜 고통은 다른 광장에 있었다.
광장에서는 수정 같은 물고기들이 나무 둥치 속에서 신음하며
죽어 가고 있었다.
아무 탈 없이 옛 동상들을 모시고 있는,
화산들의 사랑스러운 내부가 간직된 이상한 하늘의 광장들.

목소리에 고통이 없다. 오직 이빨들만 존재한다,
하지만 검은 줄로 고립되어 입을 다문 이빨들.

목소리에는 고통이 없다. 여기에는 오직 지구(地球)만 존재한다.

과일들의 볼그레함을 향하는 곳으로

문을 항상 열어 놓은 지구.

에덴 밀스 호수의 시들

— 에두아르도 우가르테에게

에덴 호수의 2중주 시

우리의 가축들이 풀을 뜯는다, 바람이 숨 쉰다.

— 가르실라소

그것은 나의 옛 목소리였다

삶의 짙은 쓰라린 즙 맛을 모를 때의.

곧 부서질 듯 물기에 젖은 고사리들 밑에 놓인

나의 발을 핥으면서 나는 그 목소리를 알 것 같다.

아, 내 사랑의 옛 목소리,

아, 내 진실의 목소리,

아, 내 열린 옆구리의 목소리,

모든 장미들이 나의 혀에서 솟아나던 때의,

풀잎들이 무정한 말의 이빨 맛을 모르던 때의…….

너는 여기에서 나의 피를 마시고 있다,
나의 무거운 아이 기운을 마시고 있다.
술주정뱅이들의 목소리와 알루미늄 때문에
바람 속에 나의 두 눈은 부서지는데.

하와가 개미를 먹는 곳
아담이 눈부신 물고기들을 수정시키는 곳의
문으로 나 좀 들어가게 하라.
뿔 달린 작은 사람아, 기지개들과 참으로 즐거운
뜀뛰기의 숲으로 나 좀 들어가게 해 달라.

나는 오래된 녹슨 핀을 어디에 쓰는지
그 가장 은밀한 용도를 알고 있다.
그리고 음식 접시의 구체적인 표면 위에
두 눈 뜨고 있는 그 눈들의 공포를 알고 있다.

그러나 나는 세상도 꿈도, 성스러운 목소리도 싫다.
나는 나의 자유를 원한다. 아무도 원하지 않는
미풍의 가장 어두운 구석에 있는 나의 인간적 사랑을 원한다.
인간적인 나의 사랑!

바다의 새들이 시로 쫓아가고
바람이 정신없는 나무 둥치들을 엿본다.
아, 옛 목소리여! 너의 혀로 이 양철과
활석 가루 목소리를 태워 다오!

지금 내가 울고 싶은 것은 울고 싶기 때문이다.
마지막 벤치에 앉은 아이들이 울듯이,
왜냐하면 나는 한 사람이 아니기 때문에, 한 시인이, 한 이파리
가 아니기 때문에…….
하지만 나는 다른 쪽 사물들을 헤매고 맴도는 상처받은 하나의
맥박이니까.

지금 나는 내 이름을 부르며 울고 싶다,
이 호수의 물가에 있는 장미, 어린아이, 전나무여,
나는 나에게서 이 어휘의 암시와 비웃음을 죽이고
피가 도는 한 사람으로서의 나의 진실을 말하고 싶다.

아니다, 아니다. 나는 묻지 않는다. 나는 소망한다.
지금 나의 두 손을 핥는 해방된 나의 목소리여.
화려한 병풍의 미궁 속에서 벌거숭이 내가
재가 된 시계와 달의 벌을 받는 자이다.

이렇게 내가 말을 했었지.

황금시대의 신 사투르누스가 기차들을 멈추었을 때, 이렇게 내가 말을 했었지,

바다 안개와 꿈과 죽음의 신이 나를 찾고 있었을 때.

나를 찾고 있었지.

머슴의 발들을 가진 암소들이 울음 우는 그곳에서,

나의 몸뚱어리가 반대편 저울대들 사이 떠돌고 있는 그곳에서.

살아 있는 하늘

찾던 것을 찾지 못했다고

내가 불평할 수는 없겠지.

물기도 즙도 없는 돌들 가까이, 텅 빈 벌레들 가까이에서

나는 펄펄 살아 있는 생물들과 햇살이 싸우는 것을 보지 못할 테니까.

하지만 나는 갓 태어난 아이를

빠져나오게 하는 소리와 액체와 맞부딪침이 있는

첫 풍경이 있는 곳으로 갈 테야.

그리고 거기 모든 표면은 피하는 곳,

내가 찾는 것은 즐거움의 표적이 있으리라 생각되기 때문이지,

내가 사랑과 모래에 섞여서 날아갈 때는 말이지.

기기에는 불 꺼진 눈들의 서리가 내리진 않겠지,
벌레에 의해 살해된 나무의 울음소리도 들리지 않겠지.
거기 모든 형상들은 모두 한데 어울려,
전진이라는 단 하나의 열정적 표현 외에는 아무것도 없는 곳.

벌 떼 같은 꽃술들 사이로는 전진할 수가 없다,
왜냐하면 바람이 너의 솜사탕 치아를 녹여 버리니까.
금방 사라지는 고사리 이파리를 쓰다듬을 수도 없다,
상아의 결정적 놀라움을 느낄 테니까.

거기 밑뿌리들 밑에서, 대기의 골수에서
잘못된 사물들의 진실을 이해할 수 있지.
가장 고운 물살을 엿보는 니켈 빛 수영하는 자,
그리고 여자의 빨간 발들을 가진 밤의 암소 떼들.

찾던 것을 찾지 못했다고
내가 불평할 수는 없겠지.
하지만 나는 습기와 맥박들이 있는 첫 풍경으로 갈 테야.
내가 사랑과 모래에 섞여서 날아갈 때,
내가 찾는 것이 즐거움의 표적을 가지리라는 걸 알게 될 테니까.

나는 텅 빈 지층 위를 여느 때처럼 신선하게 날아간다.
좌초한 배들과 무더기 미풍 위에도.

혹독하고 확고한 영원의 길로, 끝내 여명이 없는

사랑의 길로, 허청이며 부딪치며, 사랑이여, 눈에 보여 다오, 사랑이여!

미국 농군의 조박에서

― 콘차 멘데스와 시인 마누엘 알톨라기레에게

뉴버그의 들판

암소

상처 난 암소가 누웠다.
시냇물과 나무들이 뿔 위로 기어 올라갔다.
소의 콧부리가 하늘에서 피를 흘렸다.

군침 질질 흘리는 콧수염 아래
벌들 가득한 그의 콧부리.
하얀 절규 하나가 아침을 일으켜 세운다.

죽은 암소들과 산 암소들,
홍조 띤 불빛, 혹은 마구간의 꿈이
눈들을 휘둥그레 뜨고 울부짖었다.

뿌리들은 알라고 하라,
칼을 갈고 있는 자, 아이도 알라고 하라,
이제 암소는 먹어도 된다고.

위에서는 창백해진다
빛들과 목덜미들이.
발톱 네 개가 바람 속에 떨고 있다.

달도 알라고 하라,
그리고 노란 바위의 그날 밤도,
잿빛 암소는 이미 떠났다고.

술주정뱅이들이 밤참을 먹듯 죽음을 먹는 세상
그곳의 경직된 하늘들이 무너져 내리는 통에
암소는 울며 울며 떠났다고.

우물 속에 빠져 죽은 소녀

—그라나다와 뉴버그

석상들은 관 속의 어둠에 묻힌 눈들을 아파한다,
하지만 그들이 더 아파하는 것은 흘러 나가지 못하는 물 때문,
……흘러 나가지 못하는.

마을 사람들은 고기잡이들의 낚싯대를 부수며 싱긋 망루로
달려갔다.

어서 빨리! 가장자리야! 빨리, 빨리! 그리고 사랑스러운 별들은
개구리처럼 울었다.

……빠져나가지 못한다고.

천체여, 원(圓)이여, 목적지여, 너는 나의 추억 속에서 조용히
말의 눈 하나의 물가에서 울고 있다.

……흘러 나가지 못한다고.

그러나 아무도 어둠 속에서 너에게 거리를 줄 수는 없다.
너에게 주는 것은 오직 칼끝 같은 한계, 금강석 미래,

……흘러 나가지 않는.

예정된 고독과 뿌리들의 싸움을
받아들이는 물살들의 끝에서 너는 영원하다, 영원히

……흘러 나가지 못하는.

이제 그들은 비탈길로 오고 있다! 물속에서 일어나라!
빛살 하나하나가 너에게 하나의 목걸이를 만들어 주리라!

……흘러 나가지 않는.

그러나 우물은 너에게 작은 이끼의 손들을 내민다.

의심할 바 없이 순진무구한 물의 요정이여, 아무 데도
……흘러 나가지 않는.

아니다, 아무 데도 흘러 나가지 않는다. 한순간에 멈춘 물,
줄 없는 모든 바이올린들과 함께 숨 쉬며
사람 없는 빌딩들과 상처들의 계단에 멈춘

아무 데도 흘러가지 않는 물이여!

죽음 입문: 버몬트에서의 고독의 시들

—라파엘 산체스 벤투라에게

죽음

—이시도로 데 블라스에게

참 힘들어!
말이 개가 된다는 게
참 힘들어!
개가 제비가 된다는 게 참 힘들어!
제비가 벌이 된다는 게 참 힘들어!
벌이 말이 된다는 게 참 힘들어!
그런데 말은,
장미에서 참으로 날카로운 화살을 잘도 짜내지!
말 주둥이에서 참 예쁜 회색 장미를 일으켜 세우지!
그리고 장미는
자기 몸통의 살아 있는 설탕에

참으로 많은 빛과 절규의 짐승 떼들을 묶어 놓지!

그리고 설탕은,

눈 뜨고 있는 순간에 참으로 작은 칼들을 꿈꾸고 있지!

그리고 그 작고 작은 칼들은

마구간 없는 어느 달이, 홍조 띤 영원한 살결의

어떤 벌거숭이들이 찾고 다닐까?

그리고 나는 추녀 끝으로

무슨 천사이기에, 무슨 불길의 천사를 찾고 있는가!

그러나 석고로 된 둥그런 문은

또 얼마나 크고, 얼마나 눈에 보이지 않는, 얼마나 작은 것인가!

아무 힘들 것도 없는.

고대 아시리아 개 한 마리와 두 개의 무덤이 있는 풍경

친구야,

어서 일어나, 저 고대 아시리아 개가

짖어 대는 소리를 들으렴.

암에 걸린 세 요정이 춤을 추고 있었단다, 애야.

빨간 밀랍으로 된 산들을 가져왔지

그리고 암이 잠들어 있는 딱딱한 이불을 가져왔어.

말은 목에 눈이 하나 있고

달은 참으로 차가운 하늘에 있어서

그 성기의 음핵을 찢어야 했지,
그리하여 옛 묘지들을 피와 잿더미 속에 빠뜨려 죽여야 했지.

친구여,
잠을 깨 다오. 산들이 아직 숨을 쉬지 않고
내 심장의 풀잎들은 다른 곳에 있다.
너는 바닷물로 가득 차 있어도 괜찮아.
나는 오랫동안 한 어린애를 사랑했어,
혀에 폐렴이 있는 애였지.
그래서 우리는 백 년을 하나의 칼 속에서 살았어.
일어나. 입 다물어. 들어 봐. 몸을 좀 일으켜 봐.
짐승의 울부짖는 소리는
하나의 긴 검붉은 혀,
경악하는 개미들과 백합의 술맛을 남기는.
이제 바위를 향하여 오는구먼. 너의 뿌리들을 펼치지 마!
가까이 오는구먼. 신음하고 있어. 꿈에라도 흐느끼진 마, 친구야.

친구여!
어서 일어나, 저 고대 아시리아 개가
짖어 대는 소리를 들으렴.

폐허

— 레히노 사인스 데 라 마타에게

서로 만난 일 없이.
자기 스스로의 하얀 흉상으로의 여행객.
그렇게 바람은 가고 있었지!

달은 말의 해골
대기는 어두운 사과
라는 것을 곧 알게 되었지.

창문 뒤로,
모래와 물이, 햇빛과 채찍으로
싸우는 모습이 느껴졌지.

나는 풀잎들이 오는 것을 보고,
조그만 치아와 수술 나이프 밑에서
매애애 하고 우는 새끼 양 한 마리를 풀어 놓았지.

물방울 하나 속에서
첫 비둘기 한 마리의 셀룰로이드와
깃털 껍질이 날아다녔지.

구름은 떼 지어 머물다가
잠이 들었지, 바위들과 새벽이
싸우는 것을 바라보면서.

풀잎들이 오는구나, 애야.
텅 빈 하늘로
벌써 입속 침의 칼들 부딪치는 소리가 들린다.

나의 손, 사랑아. 풀잎들아!
집 안의 부서진 유리창으로
피가 피범벅 머리칼을 흐트러뜨렸구나.

너 혼자, 그리고 나만 남았다.
대기를 위해 너의 해골을 준비하렴.
너 혼자, 그리고 나만 남았다.

너의 해골을 준비하렴.
빨리 찾아야 한다, 사랑이여, 빨리
꿈 없는 우리의 옆모습을.

메추리 한 마리에게 살해당한 연인들

— 둘은 그 길을 원했어요 — 그의 어머니가 나에게 말했다 — 그 두 사람은…….

— 그럴 리가요, 아줌마 — 내가 말했다 — 아주머니는 지나치게 성깔이 있고, 그리고 아주머니 나이라면 이슬방울에서 머리핀들이 떨어지는 이유까지 다 아시지 않아요.

— 입 좀 다무세요, 루시아노, 입 좀 다물어요 제발…….

아닙니다, 아닙니다, 전 루시아노가 아니에요.

— 그 이름만 참고 말 안 하려고 해도, 내 기억의 고통을 참아내야만 해요. 당신 생각에는, 파도 속에 잊고 남겨 두었던 저 조그만 치아와 그 어린아이 손이 나의 이 슬픔을 위로해 줄 수 있으리라 믿어요?

— 둘은 그 길을 원했어요 — 그의 조카딸이 나에게 말했다 — 그 두 사람은.

나는 바다를 바라보기 시작했다. 그리고 모든 것을 이해할 수 있었다.

저 코끼리 심장을 가진 잔인하디잔인한 비둘기 주둥이에서 저 멀어져 가는 대서양 횡단 함선의 달빛 창백함이 배어 나온다는 것이 도대체 가능한 일일까?

— 내 인생 이야기를 하라면요, 늑대들로부터 살아남기 위해 몇 번이고 숟가락이라도 사용해야 했던 기억이 있어요. 잘 아시겠지만, 나는 아무 잘못이 없었어요. 세상에 이런 일이…… 울음이 나

오네요.

　—둘은 그 길을 원했어요 — 내가 말했다 — 그 둘은. 하나의
사과는 항상 하나의 연인이 될 겁니다. 하지만 한 연인은 절대로
하나의 사과가 될 수 없어요.

　—그래서 죽은 거지요, 바로 그래서. 건너온 강이 20개인데, 찢
어진 겨울 하나 때문에 죽었어요.

　—이야기는 너무 간단해요. 세상 모든 상식과 박물관을 넘어서
사랑만 했거던요.

　　　오른손은

　　　왼손과.

　　　왼손은

　　　오른손과.

　　　오른발은

　　　왼발과.

　　　왼발은

　　　구름과.

　　　머리카락은

　　　발바닥과.

　　　발바닥은

　　　왼쪽 볼과.

　　아, 그 왼쪽 볼! 아, 수성(水星)의 개미들과 배의 북서쪽! ……
거기 제로베바 손수건 좀 줘요. 눈물이 나네요. 나는 울 거예요,
내 눈에서 수없이 많은 돌나물들이 돋아날 때까지요……. 그들

은 잠자러 갔지요.

그 장면이 더없이 사랑스러운 모습이었어요……

내 말 들었어요?

잠자러 갔었지요!

왼쪽 허벅지는

왼쪽 팔에 붙이고.

눈들은 감고,

손톱은 열고.

허리는 목덜미와,

그리고 해변과.

그리고 네 개의 귀는 눈 덮인 움막에서 네 명의 천사였지요. 서로 좋아했어요. 서로 사랑했지요. 만유인력의 법칙이 있다고는 하지만…… 하나의 장미 가시와 소위 스타라고 하는 여자 사이 차이는 간단해요.

사람들이 이걸 발견했을 때는, 모두들 들판으로 떠났지요. ─서로 사랑했어요.

세상에…… 화학자들 눈앞에서라도 서로 사랑했었어요.

들판이, 땅에,

땅은 아니스 술에 젖고.

달이, 잠든 어깨와 함께.

그리고 두 허리가 유리 소리를 내며 서로 뒤엉켜 있었어요.

대학교수들이 작은 스펀지에 꿀과 식초를 가져왔을 때, 나는 그들 볼이 떨리는 것을 보았어요. 그 둘은 침대의 아주 하얀 담쟁이넝쿨 사이로 신음하고 있는 개를 여러 번 쫓은 일이 있었어요. 하지만 둘은 서로 사랑했어요.

일한 사내와 한 계집이었어요,

말하자면,

한 남자와

흙덩이 하나,

코끼리 하나와

한 아이,

한 아이와 갈대 하나.

기절한 처녀 총각과

니켈로 된 발 하나.

그들은 뱃사공들이었어요!

그래요.

그들은 과디아나 강의 무서운 뱃사공들이었어요, 세상의 모든 장미들을 자신들의 노로 박살 내는.

늙은 수부가 입에서 여송연을 뱉으며, 기러기들을 쫓으려고 큰 소리를 질렀어요. 그러나 이미 때는 너무 늦었지요.

상복을 입은 여자들이 통치자 집에 이르렀을 때, 통치자 나리는 멋진 황금 접시에 맛있는 찬 생선과 파란 아몬드를 조용히 들고 계셨지요. 나리와 말을 하지 않았던 게 더 나을 뻔했지요.

아소레스 섬에서였어요.

거의 눈물도 안 나오네요.

나는 전보 두 통 보냈지요. 하지만 불행히도 이미 늦었어요.

너무 늦었어요.

제가 할 수 있는 말은, 숲 속 물가를 거닐던 두 아이가, 부리에 실낱같은 피 한 줄기 흘리는 메추리 한 마리를 보았던 거지요.

그것이 원인입니다, 친애하는 선장님, 나의 이 이상한 우울 증의 원인이오.

달과 곤충들의 파노라마
─사랑의 시

바다에 달빛이 반짝인다,
갑판 위에서 바람이 신음하다
부드러운 움직임으로
은빛 푸른 물결을 일으킨다.
─에스프론세다

마을마다 인어 공주가 산다면
내 가슴은 구두 모양을 가지리라.
그러나 환자들에게 기대고 있는 밤은 끝없이 길기만 하고
때때로 바다 배들은 보는 사람이 있기를 기다려 조용히 가라앉
는 길을 택한다.

바람이 부드럽게 불어오면

내 가슴은 어린 소녀의 모습을 띤다.
바람이 갈대밭에서 나오기를 거부하면
내 가슴은 천 년 묵은 투우 쇠똥의 모습이 된다.

가자, 가자, 가자, 노 저어 가자
같지 않은 창끝이 겨루는 큰 전쟁터로,
산산이 부서진 매복 터들이 있는 풍경을 향하여.
모든 제도가 중지된, 눈밭과 똑같은 밤.
그리고 달.
달!
하지만 달이 아니다.
술집들의 암여우.
자기 눈을 파먹은 왜놈 닭.
이빨에 씹힌 풀잎들.

유리창에 있는 고독한 여인들은 우리를 구제하지 못한다.
형이상학자가 하늘의 다른 쪽 경사각을 발견하는
그런 약초 상점이 우리를 구원하지 못한다.
방법들은 다 거짓말이다. 오직 존재하는 것은
산소 입들이 만든 동그란 원형.
그리고 달.
그러나 달은 아니다.
곤충들.

강가에서 죽은 작은 주검들.

길이로 누운 고통.

한 점의 옥소.

핀에 꽂힌 수많은 대중.

모든 사람의 피를 반죽하여 만든 벌거숭이와

나의 사랑, 말도 아니고 불탄 상처도 아닌

심장을 잡아먹힌 어린아이.

나의 사랑이여!

"이제 노래한다, 소리 지른다, 끙끙댄다: 얼굴. 너의 얼굴! 얼굴.

사과들은 몇 개

달리아 꽃들도 다 똑같고,

빛은 완벽한 쇳덩이 맛

그리고 5년간 내내 가꾼 농장은 동전의 볼에 들어가리라.

그러나 나의 얼굴이 축제의 하늘들을 덮는다.

이제 노래한다! 소리 지른다! 끙끙댄다!

방어하라! 올라가라! 놀래켜 주라!"

걷는 게 필요하다, 빨리! 물결 위로, 잎가지 위로,

강으로 내려오는 중세의 텅 빈 거리들로,

상처 입은 소의 뿔 소리가 나는 가죽 상점으로,

층계로, 두려워 마라! 계단으로.

바다에서 목욕을 하고 있는 창백한 남자가 있다;

그가 아주 사랑스러워 서치라이트들은 늘면서 심장을 짚어 먹었다.

그리고 페루에는 수천 명의 여자들이 산다, 아, 곤충들! 그것은 밤이고 낮이고

스스로의 혈관을 주고받으며 밤무대 쇼를 한다.

어떤 부패한 장갑이 내 손을 붙든다. 됐네!

나의 손수건에서 맨 처음 찢어지는

혈관의 찌익 소리를 느꼈다.

너의 발들을 조심하라, 내 사랑이여! 너의 손들을

나는 나의 얼굴을 내주어야 하니까,

내 얼굴, 나의 얼굴! 아, 나의 잡아먹힌 얼굴!

나의 욕망을 위한 이 순연한 불길,

균형을 갈망하다 오는 이 혼란,

나의 두 눈에 죄 없는 이 화약의 고통이

다른 가슴의 고뇌를 좀 더 낫게 해 주리라,

회오리바람이 삼켜 버린 그 가슴.

구두 집의 사람들은 우리를 구원하지 못한다.

녹슨 열쇠를 발견할 때 음악 소리를 내는 풍경들은 우리를 구원하지 못한다.

바람은 거짓말이다. 존재하는 것은 오직

모든 사물들을 기억하는

다락방에 놓인 작은 요람 하나.

그리고 달.

그러나 달은 아니다.

곤충들.

고독한 곤충들,

한데 모여서, 서로 떨며, 물어뜯으며, 찍찍거리며 사는 벌레들,

그리고 달,

무너지는 것들의 문에 연기 장갑을 끼고 앉아 있는 달.

달이여!

도시로 돌아오다

뉴욕: 사무실과 고발장

— 페르난도 벨라에게

저 수많은 곱셈들 아래
오리의 피 한 방울이 있다;
저 수많은 나누기 아래
뱃사람의 피 한 방울이 있다;
수많은 더하기들 아래, 사랑의 피의 강 하나.
변두리 지역의 침실들 언저리로
노래하며 다가오는 강 하나,
그 물은 은이거나 시멘트, 아니면 미풍,
뉴욕의 거짓 여명 속의.
산들이 존재한다. 나도 알고 있다.
그리고 지혜를 위한 안경도 있다.

알고 있다. 하지만 나는 하늘을 보러 오지 않았다.

내가 여기 온 것은 구정물처럼 흐린 피와

기계들이 폭포로 끌어가는 피와

코브라의 혀로 끌려가는 정신을 보러 온 것.

뉴욕에서는 날마다 살육이 벌어진다

4백만 마리 오리와

5백만 마리 돼지와,

죽어 가는 사람들의 입맛에 맞춰 2천 마리 비둘기와

백만 마리 소와

백만 마리 양

그리고 2백만 마리 닭들이

하늘들을 산산조각 내놓았다.

칼날을 갈면서 흐느끼거나

현란한 사냥 대회에서 개들을 죽이는 게 훨씬 낫다,

끝없는 우유 기차와

끝없는 피를 실은 기차와

향수 장수들의 손에 문드러진

장미들을 실은 기차들을 보며

새벽을 버텨 내는 것보다는.

오리들과 비둘기들과,

돼지들과 양들은

그들의 핏방울을

곱하기 숫자들 밑에 바친다.

그리고 떠밀려 들이가는 소들의 소류 끼치는 질규는
허드슨 강이 기름으로 술 취하는
골짜기를 고통의 아픔으로 채운다.

나는 모든 사람들을 고발한다,
다른 절반의 사람들을 무시하는,
자기들의 시멘트 산을 일으키는
구제할 길 없는 다른 절반.
시멘트 속에서는 잊혀진
짐승들의 심장이 뛴다.
그리고 우리는 그 절단기들의
마지막 축제에 모두 쓰러질 것이다.
나는 너희들의 얼굴에 침을 뱉는다.
다른 절반의 사람들이 내 말소리를 듣는다
삼키며, 노래하며, 그들의 순수 속에서 날아가며,
문지기들의 아이들처럼.
그 아이들은 곤충들의 촉수들이
녹슬어 가는 틈바퀴들에
연약한 막대기들을 가져간다.
지옥이 아니다. 길거리이다.
죽음이 아니다. 과일 가게이다.
자동차에 치여 부서진 그 오리의 발에는
잡을 수 없는 거리와 부서진 강들의 세계가 있다.

그리고 나는 많은 여자 아이들의 가슴속에서
지렁이의 노랫소리를 듣는다.
산소, 발효, 전율하는 흙.
사무실의 숫자 속을 헤엄치는 너 자신도 흙이다.
내가 어찌하겠는가, 풍경들을 다 정돈한다?
나중에는 사진뿐인,
나중에는 나뭇조각들이나 피 한 모금뿐인
사랑들을 정돈한다?
아니다. 아니다; 나는 고발한다.
나는 이들 텅 빈 사무실들의
음모를 고발한다.
그들은 밀림의 계획을 지우는
어떤 고민이나 고뇌도 전달하지 않는다.
따라서 나는 떠밀려 들어가는 소들에게
잡아먹히도록 내 몸을 바치겠노라,
허드슨 강이 빈들번들 기름으로 술 취하는
골짜기에서, 소들의 울부짖음이 사방을 가득 채울 때.

두 편의 송가[*]

로마를 향한 절규
—크라이슬러 빌딩의 탑으로부터

네 위에 쏟아지리라
고운 은색 나이프에
가볍게 상처 난 사과들이,
손등에 불의 아몬드를 달고 다니는
산호의 손에 할퀸 구름들이,
상어 같은 쥐약 먹은 물고기들,
수많은 군중을 눈멀게 하는 통곡의 방울들 같은 상어들,
상처를 주는 장미들,
피의 통로에 설치된 바늘들,
원수 같은 세상들과 구더기에 싸인 사랑들이
네 위에 쏟아지리라, 거기 군인들의 혀들이

올리브기름을 바르는 커다란 원형 지붕 위로
쏟아지리라, 그 위에서는
한 남자가 현란한 비둘기에게 오줌을 깔기고
수천의 작은 종들로 에워싸인 채
으깨진 석탄을 뱉어 내는 곳.

왜냐하면 이제는 빵이나 포도주를 나누어 주는 사람이 없기 때문에,
죽은 사람의 입에 풀을 가꾸는 사람도 없고,
휴식의 아마 이불을 펴는 사람도 없고,
코끼리들의 상처 때문에 우는 사람도 없으니까.
여기 있는 것은 백만의 대장장이들.
그들은 앞으로 올 아이들에게 쓸 쇠사슬을 만든다.
여기 있는 것은 백만의 목수들,
그들은 십자가 없는 관들을 만든다.
여기 있는 것은 통곡의 군중들,
그들은 총알이 오기를 기다려 옷들을 벗어젖힌다.
비둘기를 무시하는 남자는 말해야 한다,
기둥들 사이 벌거벗고 소리쳐야 한다.
그리고 주사를 맞고 문둥병을 얻고
그리고 울어야 한다, 그가 가진
반지며 다이아몬드 전화기까지 녹여 내도록
그렇게 무섭게 울어야 한다.

하지만 하얀 옷을 입은 사람은

한 줄기 이삭의 신비를 모른다,

임신부의 신음 소리를 모른다,

그리스도가 아직도 물을 줄 수 있다는 것을 모른다,

금전이 기적의 키스를 불태우고

양의 피를 바보 천치 꿩의 주둥이에게 바친다는 것을 모른다.

선생들은 아이들에게 산으로부터 오는

황홀한 빛을 보여 준다; 그러나

막상 산으로부터 오는 것은 하수도들의 모임,

거기에서는 어두운 분노의 요정들이 소리소리 지른다.

선생들은 향을 피운 거대한 원형 지붕을 열심히 가리킨다.

그러나 동상들 밑에는 사랑이 없다,

결정적인 수정의 눈들 아래에는 사랑이 없다.

사랑은 목마름으로 갈가리 찢긴 살덩어리에 있다.

홍수와 싸우는 작은 움막집에 있다;

사랑은 굶주림의 뱀들이 싸우는 구덩이 속에 있다.

기러기들의 시체를 잠재우듯 흔드는 슬픈 바다에 있다.

그리고 사랑은 베개 밑에서 나누는

뼛속까지 아파 오는 어둡디어두운 입맞춤에 있다.

말갛게 비치는 손을 가진 노인은

죽어 가는 수백만 사람들의 박수갈채를 받으며

말하리라: 사랑, 사랑, 사랑.

애정으로 떨리는 금실 은실 비단 천 사이로

말하리라: 사랑, 사랑, 사랑.

덜덜 떠는 칼들과 다이너마이트 멜론들 사이에서

말하리라: 평화, 평화, 평화.

그리고 모든 사람들의 입술이 은빛이 될 때까지

말하리라: 사랑, 사랑, 사랑.

그러는 동안, 그러는 동안, 아, 그러는 동안에도

침 뱉는 통을 끌어내는 검둥이들,

과장들의 창백한 공포 밑에서 덜덜 떠는 소년들,

금속 기름 속에 빠져 죽는 여자들,

망치나 바이올린이나 구름으로 뭉친 많은 사람들이

그들의 골수가 벽에 부딪쳐 깨어져도, 소리치리라,

원형 지붕 앞에서, 소리치리라,

타오르는 불길에 미쳐서, 소리치리라,

하얀 눈에 미쳐서, 소리치리라,

배설물에 가득 찬 머리로, 소리치리라,

모든 발들을 한데 모아서, 소리치리라,

갈가리 찢기어 가는 소리로, 소리치리라,

온 도시들이 어린아이들처럼 덜덜 떨 때까지,

그리고 기름과 음악의 감옥들을 다 부술 때까지.

왜냐하면 우리는 우리의 성스러운 나날의 빵을 원하니까,

오리나무 꽃과 낟알을 털고 난 뒤의 영원한 사랑을 원하니까,

우리는 성스러운 어머니 땅의 뜻이 땅에 이루어시기를 원하니까,

왜냐하면 어머니는 우리 모두에게 열매를 주시니까.

뉴욕에서 달아나다: 문명을 향한 두 개의 왈츠

작은 빈 왈츠

빈에는 열 명의 소녀와
하나의 어깨가 있다. 그 어깨 위에서
박제된 비둘기 숲과 죽음이 흐느끼지.
성에가 있는 박물관에는
하나의 아침 조각이 있지.
천 개의 창이 있는 살롱이 있지.

아이, 아이, 아이, 아이!
입을 다물고 이 왈츠를 받아 줘.

이 왈츠, 이 왈츠, 이 왈츠,
바다에 꼬리를 적시는

코냑과 죽음과 "좋아요!"의 왈츠.

널 사랑해, 널 사랑해, 널 사랑해,
우중충한 복도 언저리,
안락의자와 죽은 책까지;
여기는 백합의 어두운 다락방,
달이 있는 우리의 침대에서
거북이가 꿈꾸는 춤 속에서, 사랑해.

아이, 아이, 아이, 아이!
부서진 허리의 이 왈츠를 받아 줘.

빈에는 너의 입과 메아리들이
노는 네 개의 거울이 있지.
소년들을 푸른색으로 그리는
피아노를 위한 하나의 죽음이 있지.
지붕 위로는 거지들이 있지.
통곡의 신선한 화관들이 있지.

아이, 아이, 아이, 아이!
나의 품속에서 죽어 가는 이 왈츠를 받아 줘.

왜냐하면 널 사랑하기 때문에, 널 사랑하기 때문에, 내 사랑아,

아이들이 노는 다락방에서.
아이들은 따스한 오후의 소란한 소리들을 듣고
헝가리의 오래된 빛들을 꿈꾸고,
네 이마의 어두운 고요를 느끼고
눈빛 백합들과 양 떼들을 본다.

아이, 아이, 아이, 아이!
"영원히 널 사랑해" 하는 이 왈츠를 받아 줘.

빈에서 나는 너와 춤을 추리라,
강의 머리를 그린
가면을 쓰고.
히아신스 꽃이 가득한 나의 강변들 좀 봐!
나의 입을 너의 두 다리 사이에 두고,
내 영혼을 사진들과 수선화들 사이에 두리라.
그리고 네 걸음길이의 어두운 물결에는
내 사랑아, 나의 사랑아, 바이올린과
무덤, 왈츠의 테이프를 선사하리라.

잎가지의 왈츠

이파리 하나가 떨어졌지

두 이파리,

세 이파리.

달 위로는 물고기 한 마리 헤엄쳤지.

물은 한 시간 자지만

하얀 바다는 백 시간 자.

귀부인은

잎가지 위에 죽어 있었지.

수녀는

감귤 속에서 노래했지.

계집아이는

소나무 위로 파인애플로 갔지.

그리고 소나무는

새소리의 깃털을 찾았지.

하지만 꾀꼬리는 주위를 맴돌며

사랑의 상처를 울고 있었지.

그리고 나도 울었어

이파리가 떨어졌기에,

하나

둘

셋.

그리고 수정의 머리 하나

종이 바이올린 하나.

그리고 눈발이 한 달만 잠들 수 있다면,

눈발이 세상을 이길 텐데……

그래서 잎가지들은 세상과 싸우고 있었지.

하나씩 하나씩,

둘씩 둘씩

셋씩 셋씩.

아, 눈에 보이지 않는 살덩이 상아의 냉정함이여!

개미들도 없는 새 아침의 항만이여!

잎가지의 음매음매 하는 소리와

귀부인들의 아이, 아이…… 소리와

개구리의 개굴개굴 소리와

꿀물이 노랗게 졸졸 떨어지는 소리.

월계관을 쓰고

그림자의 동체가 오리라.

하늘은 바람에게

철벽처럼 냉혹하고

잎 떨어진 가지들은

그와 춤추며 떠나가리라.

하나씩 하나씩

달 언저리로,

둘씩 둘씩

해 언저리로,

그리고 셋씩 셋씩,

상아들도 잠 좀 잘 들도록.

시인 쿠바에 오다

1930년 1월 10일, 뉴욕에서

쿠바 흑인들의 춤 노래 '손(Son)'

보름달이 떠오르면 난 쿠바의 산티아고로 가리
산티아고로 가리,
검은 물차를 타고.
산티아고로 가리.
야자수 이파리 지붕들이 노래하리.
산티아고로 가리.
야자수 이파리 황새가 되고 싶을 때,
산티아고로 가리.
그리고 바나나가 해파리가 되고 싶을 때,
난 산티아고로 가리.
산티아고로 가리.
폰세카 소녀의 금발 머리를 하고.

284

산티아고로 가리.

그리고 로미오와 줄리엣의 장미를 가지고

산티아고로 가리.

종이와 은빛 동전의 바다.

산티아고로 가리.

오, 쿠바여! 오, 마른 씨앗들의 율동이여!

산티아고로 가리.

오, 통나무 물방울과 뜨거운 허리!

산티아고로 가리.

살아 있는 나무 둥치 하프. 카이만 악어, 담배 꽃.

산티아고로 가리.

난 항상 말했지, 난 산티아고로 갈 거라고,

검은 물차를 타고.

산티아고로 가리.

바퀴에는 알코올과 산들바람,

산티아고로 가리.

어둠 속 나의 산호,

산티아고로 가리.

모래 속에 빠진 바다,

산티아고로 가리.

하얀 더위, 죽은 과일,

산티아고로 가리.

아, 물갈대의 신선한 황소바람!

오, 쿠바여!오 흙과 한숨의 굽이굽이 커브 길이여!
산티아고로 가리.

끝없이 작은 시
— 루이스 카르도사와 아라곤에게

잘못 든 길이
눈길에 가는 길,
눈길에 가는 길은
수 세기 동안 묘지의 풀들을 뜯어 먹고 사는 길.
잘못 든 길이
여자에게 가는 길
빛을 두려워하지 않는 여자
1초에 닭 두 마리를 잡는 여자
닭들을 두려워하지 않는 빛
그리고 닭들은 눈길 위에서 노래할 줄 모르지
그러나 눈이 가슴을 잘못 택하면
남풍(南風)이 불어올 수 있지
그리고 바람은 신음 따위는 상관 않으니까
우리는 또다시 묘지의 풀들을 뜯어 먹어야 하리.
나는 두 개의 고통스러운 밀랍 이삭이
화산 경치를 파묻고 있는 것을 보았지

그리고 두 명의 미친 아이가

울면서 살인자의 두 눈동자를 밀어내는 것을 보았지.

그러나 둘은 한 번도 하나의 숫자가 된 일이 없었지

그것은 고뇌와 고뇌의 그림자였으니까

사랑이 절망으로 울어 대는 기타였으니까

자기 것이 아닌, 끝없는 남의 것의 시범 표시였으니까

그리고 그것은 죽은 자의 벽들

그리고 종말이 없는 새로운 부화의 벌.

죽은 자들은 둘이라는 숫자를 증오하지

그러나 둘이라는 숫자는 여자들을 잠재우지

그리고 여자는 빛을 두려워하니까

빛은 수탉들 앞에서 벌벌 떨지

그리고 수탉은 오직 눈길 위에서만 날 줄 알지

우리는 쉴 새 없이 묘지의 풀들을 뜯어 먹어야 하고.

제5부

수이테 시집*

(1920~1927)

보름달이 뜰 때

달이 뜨면
종소리가 사라지고
오솔길들이 나타난다
들어갈 수 없는.

달이 뜨면
바다가 땅을 덮는다.
가슴은 영원 속
섬이라는 느낌.

달은 해보다 별보다
더욱 멀리 있다.
달은 향기, 추억,
시든 푸름의 비눗방울.

번갯불

모든 것은 부채다.
형제여, 품을 열라.
신은 하나의 점.

화답

오직 새 한 마리의
노래.
대기가 수없이 불어난다.
거울들을 통해 듣는다.

광상곡

거울 뒤마다
죽은 별 하나와
잠자는
아이 무지개가 있다.

거울 뒤마다
영원한 고요 하나
날지 못한
침묵의 보금자리가 있다.

거울은 샘물의
미라, 밤이면
빛의 조개처럼
입을 다문다.

거울은

어머니 이슬.

노을들을 박제하는

책, 살이 된 메아리.

눈들

두 눈 속에는
끝없는 오솔길들이 열린다.
그림자의
두 교차로.
죽음은 항상
그 숨겨진 들판으로부터 온다.
죽음은 눈물의 꽃을
꺾어 내리는 정원사.
눈동자는
수평선이 없다.
마치 처녀림 속인 듯
우리는 눈동자 속에서
길을 잃는다.
'너는 가서

돌아오지 못하리'의 성으로
그는 떠난다, 무지개에서
시작되는 길로.
사랑 없는 소년아,
제발 빨간 덩굴에 잡히지 마!
나그네를 조심해,
넥타이를 수놓는
엘레나 아씨야.

대기

대기는
무지개를 잉태하고,
푸른 숲에
그 거울을 깨뜨린다.

비명

우리가 죽으면
하늘 풍경
한 다발을
가지고 갈래요.

(새벽 동틀 녘의 하늘들
밤하늘들)

죽는 사람들은
한여름 하늘 기억밖에는
기억이 없다고들 하지만,
바람에
떠는
온통 시커먼 하늘.

돌아오는 신

나의 날개를 찾아
나는 돌아온다.

나를 돌아오게 하라!

나는 동틀 녘이 되어
죽고 싶다!

나의 날개를 찾아
나는 돌아온다.

나를 돌아오게 하라!

나는 샘물이 되어

죽고 싶다.

나는 바다를 떠나
바다 밖에서 죽고 싶다.

제6부

노래집

(1921~1924)

말 탄 기사의 노래

1860년

　　　산적들의
검은 달에서는
말의 박차들이 노래한다.

　　　검은 말아,
죽은 네 기사를 어디로 싣고 가는가?

　　　……고삐를 놓은
움직이지 않는 도둑의
딱딱한 박차 소리……

　　　차가운 말.
칼에서 나는 저 짙은 꽃향기!

검은 달에서는
한 많은 세비야, 모레나 산등성이
옆구리가 피를 흘렸다.

검은 말아,
죽은 네 기사를 어디로 싣고 가는가?

밤은 그 검은
옆구리에 별들을 박으며
박차를 가했다.

검은 말아,
칼에서 나는 저 짙은 꽃향기!

검은 달에서,
비명 소리! 그리고 모닥불의
긴 뿔 하나.

검은 말아,
죽은 네 기사를 어디로 싣고 가는가?

기사의 노래

코르도바.
멀고 고적한 곳.

말은 검은 조랑말, 달은 휘둥그레 크고,
배낭에는 올리브 열매 몇 알.
길은 알아도, 난
영원히 코르도바에 가지 못하리.

벌판으로, 바람 속으로,
말은 검은 조랑말, 달은 시뻘겋고……
코르도바 첨탑 위에서
죽음이 나를 지켜보고 있네.

아, 멀고 먼 길이여!

아, 용감한 나의 조랑말!
아, 코르도바에 도착하기 전,
죽음이 나를 기다리네!

코르도바.
멀고 고적한 곳.

진심이다

　　진실한 사랑으로 너를 사랑한다는 것이
아, 이토록 힘이 들까!

　　너를 향한 사랑 때문에 바람이 아프다,
가슴이 아프다,
모자가 아프다.

　　누가 나에게 내 허리의
이 허리띠를 사 갈까?
누가 이 하얀 실오라기
슬픔을 사서, 하얀 손수건을 만들까?

　　진실한 사랑으로 너를 사랑하는 것이
아, 이토록 힘이 들까!

나무야

나무야 나무야
파랗게 마른 나무야.

예쁜 얼굴의 아가씨
올리브를 따고 있다.
높은 탑의 멋쟁이, 바람이
그녀의 허리를 감싸네.

네 명의 안달루시아 기사
조랑말을 타고 지나갔네,
푸르고 파란 옷들을 입고
길고 어두운 망토를 쓰고.

"그라나다로 함께 가지, 아가씨."

아가씨는 못 들은 척하네.

　　세 명의 투우사가
허리 날씬한 투우사들이
지나갔네, 오렌지색 옷에
옛날 은 칼을 차고.

　　"세비야로 함께 가지, 아가씨."
아가씨는 못 들은 척하네.

　　오후가 보라색으로 변하고
햇빛이 희미해졌을 때,
한 젊은이가 지나갔네,
달 도금양 풀과 장미를 달고.

　　"그라나다로 함께 가지, 아가씨."
그러나 아가씨는 못 들은 척하네.

　　예쁜 얼굴의 아가씨
계속 올리브를 따네,
허리를 휘감싸는
잿빛 바람을 안고.

니무야 나무야
파랗게 마른 나무야.

이별

　　내가 죽거들랑,
발코니를 열어 두오.

　　아이가 오렌지를 먹고 있네.
(내 발코니에서 그게 보이네.)

　　농부가 밀을 베고 있네.
(내 발코니에서 그걸 느끼네.)

　　내가 죽거들랑,
발코니를 열어 두오!

제7부

타마리트 시집

(1931~1935)

가셀라* 1: 뜻밖의 사랑

아무도 네 배 속의 어두운
목련의 향기를 이해하지 못했지.
아무도 네 치아 사이에서 사랑의
참새를 순교시키는 것을 몰랐지.

페르시아의 수천의 말들이 너의
이마의 달을 보고 광장에서 잤지,
눈이 무색할 만큼 하얀 너의 허리를
내가 나흘 밤을 끌어안고 있는 동안.

횟가루와 재스민 꽃들 사이에서
너의 눈길은 창백한 씨의 꽃다발.
나는 나의 가슴 언저리에서, 너에게 줄
'영원히'라고 쓴 상아 글자를 찾았지.

'영원히', '영원히' : 나의 마지막 고통의 정원,
영원히 달아나는 너의 육체,
내 입에 네 혈관의 피, 나의 죽음을 위한,
이제 빛을 잃은 너의 입.

가셀라 3. 안타까운 사랑

네가 오지 못하게
내가 갈 수 없도록
밤은 올 생각을 안 하고

하지만 내가 가야지,
아무리 전갈의 해가 내 관자놀이를 먹어도

하지만 네가 오겠지,
비처럼 쏟아지는 소금이 너의 혀를 태워도

네가 오지 못하게
내가 갈 수 없도록
낮은 올 생각을 안 하고

하지만 내가 가야지
물어뜯긴 내 카네이션은 두꺼비들에게 주고

하지만 네가 오겠지
어둠의 구정물 하수구를 통해서라도

너 때문에 나 죽으라고
나 때문에 너 죽으라고
낮도 밤도 올 생각을 안 하고

가셀라 4: 보여 주지 않는 사랑

오직 벨라의 종소리를
듣기 위해
너에게 마편초 왕관을 씌웠지.

"그라나다는 하나의 달
담쟁이덩굴 사이로 빠져 죽은."

오직 벨라의 종소리를
듣기 위해
카르타헤나의 내 정원을 다 까부쉈지.

"그라나다는 한 마리 암노루
풍향계 언저리 장미."

오직 벤라의 종소리를
듣기 위해
너의 몸속에서 나를 불태웠지
누구 몸인지도 모르고.

가셀리 5: 죽은 아이

오후마다 그라나다에서는
오후마다 하나의 아이가 죽는다.
오후마다 물은 앉아서
자기 친구들과 이야기를 나눈다.

죽은 자들은 이끼 날개를 단다.
구름 낀 바람과 맑은 바람은
탑들 위로 날아가는 두 마리 꿩,
대낮은 상처받은 한 소년.

내가 너를 포도주 동굴에서 만났을 때
대기에는 실오라기 같은 종달새 하나 없었지.
네가 강물에 빠져 죽을 때는
지상에 구름 한 조각 남아 있지 않았지.

물 거인 하나가 농산 위에 넘어지고
골짜기는 개들과 백합을 안고 굴러 갔지.
너의 몸뚱어리는 내 손의 보라색 그림자와 함께
물가에서 죽은, 하나의 추위의 천사였지.

가셀라 7: 사랑의 추억

너의 추억은 가져가지 마.
혼자 내 가슴에 남겨 둬,

1월의 순교 속에 피는
하얀 벚꽃의 떨림을.

죽은 자들로부터 나는
나쁜 꿈의 벽 하나를 두고 떨어져 있지.

횟가루 가슴에게 나는
신선한 백합의 아픔을 주지.

밤새도록 나의 두 눈은
과수원에 있는 두 마리 개처럼

밤새도록 녹이 는
과자를 훔치며

때때로 바람은
공포의 튤립 꽃,

병든 튤립 꽃,
겨울 새벽.

나쁜 꿈의 벽 하나를 두고
나와 죽은 자들이 떨어져 있지,

안개가 침묵 속에서 너의
몸의 잿빛 골짜기를 덮는다.

만남의 아치 위로
독미나리가 자라고 있다.

하지만 너의 추억은 남겨 두고 가
혼자 내 가슴에 남겨 두고 가.

가셀라 8: 어두운 죽음

　　　묘지의 혼잡을 멀리 떠나
나는 사과들의 잠을 자고 싶다.
바다 한가운데서 심장을 끊고 싶어 하던
그 아이의 꿈을 잠재우고 싶다.

　　　죽은 자들은 피를 쏟지 않는다느니,
썩은 입도 계속 물을 찾는다느니,
계속 그런 소리들이 난 듣기 싫다.
나는 풀잎이 주는 고문이나, 동트기 전
달이 뱀의 입을 달고 하는 작업을 알고 싶지 않다.

　　　나는 잠시 잠을 자고 싶다,
잠시, 한순간, 한 세기;
하지만 나의 입술에는 황금 마구간이 하나 있다;

나는 서풍(西風)의 작은 친구;
나는 내 눈물의 커다란 그림자.

여명을 위하여 나를 베일로 덮으라,
나에게 개미 떼 몇 움큼을 뿌릴 테니까,
그리고 나의 구두를 단단한 물로 적시라
그 전갈의 집게가 미끄러져 나가도록.

왜냐하면 나는 사과들의 사과 잠을 자고 싶기 때문이다,
땅의 아픔을 씻는 통곡을 배우기 위하여.
왜냐하면 나는 바다 한가운데서 심장을 끊고 싶다던
그 어두운 아이와 살고 싶기 때문이다.

가셀리 9: 칭홀한 사링

나쁜 들판의
모든 횟가루가 있어도,
너는 사랑의 등심초, 젖은 재스민 꽃이었다.

나쁜 하늘의
불길과 불볕의 남쪽이어도,
너는 나의 가슴 인저리 눈 내리는 소리였다.

하늘이고 들판이고
나의 손에서 쇠사슬을 만들었다.

하늘이고 들판이고
내 몸의 상처를 두들겨 팼다.

가셀라 10: 도피

— 나의 친구 미겔 페레스에게

나는 여러 번 바다에서 길을 잃었다
귀에는 금방 꺾은 꽃들로 가득 채우고,
혀는 사랑과 고뇌로 가득 채우고.

나는 여러 번 바다에서 길을 잃었다
몇몇 아이들의 가슴속에서 길을 잃듯이.

문득 키스를 할 때, 얼굴 없는 사람들의
미소를 느끼지 않는 밤이 없다, 또한
갓 태어난 아이를 만질 때, 꼼짝 않고 있는
말의 해골을 기억하지 않은 사람은 없다.

왜냐하면 장미들은 이마에서
굳은 뼈의 풍경을 찾고

사람의 손은 땅 밑에 있는 뿌리를
모방할 수밖에 없기 때문이다.

　　　내가 몇몇 아이들의 가슴속에서 길을 잃듯이
나는 여러 번 바다에서 길을 잃었다.
물을 모르는 나는, 나를 다 태워 없앨
빛의 죽음을 찾아간다.

카시다 1: 물에 상처받은 이이

우물 속으로 내려가고 싶다,
그라나다의 성벽으로 올라가고 싶다,
물들의 어두운 대바늘로
찔린 아픈 가슴을 바라보고 싶다.

상처 난 아이는 성에의
왕관을 쓰고 신음하고 있었다.
연못들, 빗물 도가니들, 분수들은
대기 속에 칼들을 치켜들었다.
아, 아픈 사랑의 분노, 선들선들한 칼날,
아, 아픈 밤의 소리, 저 하얀 죽음!
아, 빛의 사막들이 새벽의 모래밭들을
무너뜨리고 있었다!
아이는 혼자 있었다

목 구멍에 잠든 도시와 함께.

꿈속에서 오는 분수 하나가

이끼들의 배고픔으로부터 아이를 보호한다.

아이와 죽음의 고통은, 서로 마주 보는

하나로 이어진 두 줄의 파란 빗줄기였다.

아이는 땅바닥에 누웠다.

그리고 아이의 죽음의 고통은 굽이굽이 휘어져 내렸다.

　　　　우물 속으로 내려가고 싶다.

나는 나의 죽음을 한 입 한 입 맛보며 죽고 싶다.

나는 나의 가슴을 이끼로 가득 채우고 싶다,

물에 상처받은 아이를 보기 위하여.

카시다 2: 울음소리

나는 발코니를 닫았다,
울음소리를 듣고 싶지 않다.
하지만 잿빛 성벽 뒤에서는
울음소리밖에 아무 소리도 들리지 않는다.

노래하는 천사들이 너무 없다,
짖어 대는 개들이 너무 없다.
내 손바닥에 천 개의 바이올린이 들어간다.

하지만 울음소리는 엄청나게 큰 개,
울음소리는 엄청나게 큰 천사,
울음소리는 엄청나게 큰 바이올린.
눈물방울은 바람의 입에 재갈을 물린다.
울음소리밖에 아무 소리도 들리지 않는다.

가시다4. 누운 여인

누워 있는 너를 보면 대지(大地)가 생각난다,
말들 없이 깨끗하고 매끄러운 대지,
갈대 하나 없는 대지, 미래로의 문을 닫은
순수한 형태; 은빛 지평선.

누워 있는 너를 보면, 가녀린 잎줄기를 찾는
비의 안타까움을 이해할 것 같다,
아니면, 커다란 얼굴의 바다의 열정,
자기 볼의 빛을 찾지 못해 안타까운.

피가 소리를 내며 침실로 오리라
눈부시게 빛나는 칼들을 들고 오리라.
하지만 너는 두꺼비의 가슴이나 오랑캐꽃이
어디 숨어 있는지 모르겠지.

너의 배는 뿌리들의 각축장,
너의 입술은 주위가 없는 여명.
침대의 따스한 장미들 밑에서
죽은 자들이 순서를 기다리며 끙끙댄다.

카시다 5. 야외에 펼친 꿈

재스민 꽃과 목 잘린 투우.
끝없는 포장길. 지도. 방. 하프. 여명.
여자 아이는 재스민 투우를 꿈꾸고
투우는 울부짖는 피투성이 노을.

하늘이 한 조그만 아이라면,
재스민들은 어두운 밤 절반을 차지할 텐데,
투우는 투우사들 없는 푸른 서커스장을 차지하고,
가슴은 한 커다란 기둥 밑에 있고

하지만 하늘은 한 코끼리,
재스민은 피 없는 물,
그리고 아이는 어둡고 커다란
포장길 언저리, 밤의 꽃가지.

재스민 꽃과 투우 사이

혹은 상아 갈고리나 잠든 사람들 사이,

재스민 속에는 한 코끼리와 구름들이 있고

투우 속에는 여자 아이의 두개골이 있다.

카시다 6: 불가능한 손길

나는 하나의 손밖에 바라는 게 없다,
가능하다면, 하나의 상처받은 손.
나는 하나의 손밖에 바라는 게 없다,
수천 날의 밤을 침대 없이 지새도.

그것은 창백한 횟가루 백합이겠지,
내 가슴에 꼭 붙잡아 맨 비둘기겠지,
내가 잠깐 지나가는 밤에, 달에 들어가는 것을
절대 금지하는 파수병이겠지.

나는 그 손밖에 바라는 게 없다
날마다 먹는 기름과 나의 마지막 고통의 하얀 이불을 덮어 줄.
나는 그 손밖에 바라는 게 없다
내 죽음의 날개를 붙잡아 줄.

나머지 다른 것들은 나 시나산나.

이제는 이름 없는 얼굴의 홍조, 영원한 별.

그 밖의 것들은 다 딴 것; 슬픈 바람,

잎사귀들은 떼를 지어 달아나는데.

카시다 7: 장미

장미는
여명을 찾는 게 아니었다:
장미 가지에서 거의 영원하게,
다른 것을 찾고 있었다.

장미는
과학도 그림자도 찾는 게 아니었다:
꿈과 살의 경계에서,
장미는 다른 것을 찾고 있었다.

장미는
장미를 찾는 게 아니었다:
꼼짝 않고 하늘 어딘가에서
다른 것을 찾고 있었다.

카시다 8: 황금빛 소녀

황금빛 소녀가
물에서 목욕을 하고 있었다.
온 물이 황금빛이 되었다.

해파리와 잎가지들은
그늘에서 소녀를 놀래켰다.
꾀꼬리는 하얀 소녀를 위해
노래를 불렀다.

맑고 밝은 밤이 왔다,
잿빛 산들바람 아래
까까머리 산들과
나쁜 은빛이 밤을 흐리게 했다.

물기에 씻은 소녀는
물속에서도 하얗고
물은 불꽃으로 이글거렸다.

티 하나 없는 여명이 왔다,
수의를 입은 채 축 늘어져서,
얼어붙은 화관을 쓰고
암소 같은 수천의 얼굴을 하고.

눈물의 소녀는
불길 속에서 목욕을 했다.
꾀꼬리가 불탄 날개를 하고
울고 있었다.

황금빛 소녀는
하얀 백로였다.
물이 소녀를 황금으로 물들였다.

제8부

이그나시오 산체스 메히아스의
죽음을 애도하며

(1934)

투우장에서의 죽음

오후 다섯시에.
정각 오후 다섯시였다.
아이 하나가 하얀 천을 가져왔다
오후 다섯시에.
미리 준비된 횟가루 칠한 하얀 가마니
오후 다섯시에.
그것뿐, 모든 것은 죽음, 오직 죽음뿐
오후 다섯시에.

바람이 목화송이를 가져가 버렸다
오후 다섯시에.
그 오랜 녹이 유리알과 니켈의 씨를 뿌렸다
오후 다섯시에.
그리고 이제 싸우는 것은 비둘기와 표범

오후 다섯시에.

그리고 하나의 고독한 뿔 끝, 하나의 고독한 허벅지

오후 다섯시에.

안달루시아의 한의 기타 소리가 시작되었다

오후 다섯시에.

비상 가루로 만든 종소리와 연기

오후 다섯시에.

그리고 심장을 치켜든 고독한 투우!

오후 다섯시에.

하얀 눈이 땀을 흘리고, 흘러 흘러 다다른

오후 다섯시.

투우장이 클로로포름으로 뒤덮였다

오후 다섯시에.

죽음 아픈 상처에 알을 깠다,

오후 다섯시에.

오후 다섯시에

오후 다섯시 정각에.

　　　바퀴 달린 간이침대,

오후 다섯시에.

그의 귀에 들리는 것은 뼈다귀와 피리 소리

오후 다섯시에.

투우는 이미 그의 머리맡에서 울부짖고 있었다

오후 다섯시에.

방은 죽음의 신음 소리로 찬연히 물들었다

오후 다섯시에.

멀리서 벌써 세포가 죽어 가는 소리

오후 다섯시에.

파란 오금을 타고 울려 퍼지는 백합 빛 나팔 소리

오후 다섯시에.

상처는 태양처럼 불타올랐다

오후 다섯시에.

그리고 사람들은 모든 창문을 부쉈다

오후 다섯시에.

오후 다섯시에.

아 ─ 무서운 오후 다섯시!

모든 시계의 시간은 오후 다섯시였다!

오후의 그늘 자락에 오후 다섯시였다!

쏟아진 피

보고 싶지 않다고 하라!

달더러 와 보라고 하라,
보고 싶지 않다고 하라, 피를
모래 위에 흘린 이그나시오 산체스의 피를.

보고 싶지 않다고 하라!

달은 휘영청 밝기만 하고
구름은 말 위에 올라 고요하고,
가로막 울타리에 수양버들과 함께
꿈의 잿빛 투우장.

보고 싶지 않다고 하라!

나의 기억이 불타고 있다고 하라.
재스민더러 와 보라고 하라,
그 작고 작은 하얀빛까지!

보고 싶지 않다고 하라!

오랜 세월의 암소가
그 길고 슬픈 혀를 드리웠다.
모래 위에 흘린
피의 주둥이 위에,
그리고 저 유명한 기산도 농장의 수컷
투우, 반은 죽음, 반은 바위가
한스러운 세상, 그 무거운 땅을
긴 세월처럼 울부짖었을 뿐.
아니다.
보고 싶지 않다고 하라!

층계 위로 이그나시오가
올라온다, 자신의 모든 죽음을 짊어지고.
새벽 동트기를 기다렸지,
그러나 동이 튼 것은 아니었다.
확실한 옆모습을 찾는다.
꿈이 길을 잘못 들게 한다.

자신의 아름다운 육신을 찾았나
찾은 것은 터져 나온 피.
그 피를 보라고 하지 마라!
시시각각 힘을 잃어 가는
핏줄기를 아파하고 싶지 않다.
지쳐 누운 자들을 비추고,
목마른 대중의 가죽과 융단 위에
사정없이 퍼붓던 용기와 빗줄기.
누가 너더러 나오라고 소리치는가?
나더러 피를 보라고 하지 마라!

소뿔이 가까이 오는 것을 보자
그는 눈을 감지 않았다.
그러나 무서운 어머니들이
머리를 일으켜 세웠다.
그리고 투우 사육장 언저리에서도
은밀한 바람과 목소리가 있었다.
그 소리는 창백한 안개의 두목들
하늘빛 투우들에게 소리쳤다.

온 세비야에 그와 비교할 만한
왕자는 없었다. 그의 칼과 견줄 만한
칼도, 그처럼 진실한 가슴도 없었다.

그의 놀라운 힘과 용기는
사자들의 강물 같았고
그의 두드러진 인품은
대리석 흉상 같았다.
안달루시아의 로마 풍모가
그의 머리를 치장하고
그의 웃음은 재치와
지혜의 수선화였다.
투우장에서는 정말 위대한 투우사!
산에 가면 가장 훌륭한 산사람!
이삭들과는 부드럽기 짝이 없는 사람!
박차를 가할 때는 혹독한……
이슬에게는 그토록 사랑스러웠고
축제 때는 그토록 눈부신 사람!
마지막 어둠의 표창을 꽂을 때는
그토록 소름 끼치넌 투우사!

　　　그러나 이제 끝없는 잠에 빠졌다.
이제 이끼와 풀이 그들의 안전한 손가락으로
그의 해골에서 꽃을 피우리라.
이제 그의 피가 노래하며 온다:
초원으로 늪지로 노래하며,
얼어붙은 뿔들 위로 미끄러지며,

ㄱ의 영혼은 안개 속에서 머뭇거리며,

수천의 짐승 발톱들과 부딪치며,

길고 어둡고 슬픈 혀처럼,

별들의 과달키비르 강 옆에

죽음의 마지막 아픈 웅덩이를 판다.

아, 서반아의 하얀 성벽이여!

아, 한에 우는 검은 투우여!

아, 이그나시오의 냉혹한 피여!

그의 혈관의 꾀꼬리들이여!

아니다.

보고 싶지 않다고 하라!

세상에 어느 성스러운 잔이 있어 그 피를 담으랴.

세상에 어느 제비가 있어 그 피를 마시랴.

세상에 어느 찬 서리 같은 빛이 있어 그 피를 식히랴.

세상에 어느 노래가, 어느 수선화 홍수가

어느 수정이 그 피를 은빛으로 덮으랴.

아니다.

나는 그걸 보고 싶지 않다!

제9부

어두운 사랑의 소네트

(1936)

달콤한 아픔의 소네트

　　석상 같은 네 두 눈의
신비를 잃고 싶지 않아, 밤이면
네 입김의 고독한 장미가
나의 볼에 속삭이는 그 말소리도.

　　이 물가에서 나는 잎가지
없는 나무 둥치가 될까 무서워.
가장 섭섭한 건 나의 고통을
위한 꽃도 과육도 흙도 없는 일.

　　네가 나의 숨은 보물이라면
네가 나의 젖은 고통, 나의 십자가라면,
내가 너의 영지의 개라면,

내가 얻은 이것을 잃게 하지 마.
너의 강의 강물들을, 남의 것이 된
이 나의 가을 잎새들로 치장해 주렴.

시인이 임에게 편지 쓰기를 청한다

내 마음 다 바쳐 사랑하는 임아,
살아 있는 죽음아, 부질없이 네가 쓴 말을
기다리며, 시들어 가는 꽃을 들고 생각한다,
내가 나 없이 산다면 너를 잃어도 좋다.

대기는 불멸이다. 무기력한 돌은
어둠도 모르고 어둠도 피하지 않는다.
내부의 가슴은 달이 퍼붓는
얼어붙은 꿀을 필요로 하지 않는다.

하지만 나는 너 때문에 아팠다. 나의 혈관을
찢어발겼다. 네 허리 위의 호랑이와 비둘기,
수선화와 물어뜯기의 결투 속에서.

이 나의 미친 마음을 발틀토 채워 다오,
아니면 영원히 어두운 내 영혼의
고요한 밤 속에 내가 살아가리니.

시인이 진실을 말한다

　　나의 아픔을 울고 싶다. 너에게 이 말을
하는 것은 네가 나를 사랑해 달라고,
꾀꼬리 소리와 함께 저물어 가는 밤에
칼과 입맞춤과 함께 울어 달라고.

　　나의 꽃들을 살해하려는 유일한
증인을 죽이고 싶다. 그리고 나의 울음과
나의 땀을 튼튼하고 영원한
밀 더미로 만들고 싶다.

　　너를 사랑해, 나를 사랑해, 라고 하는 실타래가
항상 노쇠한 해와 늙은 달과 함께
늘 불타올라, 끝없이 영원히 감기도록.

네가 주지 않는 것, 너에게 청하지 않은 것은
죽음의 것이 되리니, 전율하는 육신을 위하여
그림자도 남기지 않는 잔인한 죽음의.

주

120 "집시 세기리야": seguiriya는 안달루시아 노래 '칸테 혼도(cante jondo)'의 진정한 대표적 노래 형식으로 우리의 한의 정서에 버금가는 내용들이다.

122 "절규": 로르카에 의하면, "집시 세기리야 노래는 맨 처음 소름 끼치는 절규 '아이!'로부터 시작된다. 온 풍경을 똑같은 두 개의 반구로 갈라놓는다. 그것은 죽어 간 세대들의 한숨과 절규들이다. 사라져 간 세월들에 대한 가슴 에는 비가이다. 다른 달밤, 또 다른 바람 아래서의 사랑을 비통하게 되새기는 소리이다".

123 "침묵": "아이!" 소리가 난 뒤의 침묵 같은, 흔히 안달루시아의 한과 같은 것이 로르카에게는 안달루시아의 대기, 바람 속에서 느껴지는 아픔들이다.

125 "솔레아": 안달루시아 플라멩코 음악, 칸테 혼도 중에서 특히 춤추기에 맞도록 불린 노래 장르.

131 "사크로몬테 동굴": Las Cuevas del Sacro Monte. 그라나다에 있는 플라멩코의 상징적 아지트 동굴.

135 "사에타": 세비야 부활절 행렬에 부르던 집시 플라멩코 노래의 일종.

143 "페테네라": 정확히 말하면 '칸테 혼도'에 속하지는 않는다. 한 많은

여인을 테마로 한 안달루시아 민요의 일종.

162 "캐스터네츠": 플라멩코를 출 때 양손에 끼고 따닥따닥 소리를 내는, 나무로 만든 방울들.

163 "라오콘": 트로이 전쟁에서 그 유명한 목마가 성안에 들어오는 것을 막으려 했던 아폴론의 사제.

171 "달 이야기": '집시 이야기 민요집'이라 이름 붙인 'Romancero gitano'는 로르카가 1927년에 국가 문학상을 탄 대표 시집이다. 여기에서 'romance'는 영어의 '로맨스'라는 말과 어원이 같은 중세 기사 이야기, 사랑 이야기라는 뜻의 전통 민요 이름이다. 시 형식도 정형 민요조로, 8음절을 기조로 한다. 거기에 짝수 시구마다 끝에 각운이 맞아야 하는 가장 토속적인 리듬이다. 이야기조, 자유시로 옮기기도 한다.

"폴리손": 귀부인들이 치마 뒤폭이 부풀어 보이게 하려고 속에 입던 코르셋 비슷한 치마 받이.

174 "바람": 안달루시아 민간 신앙에서, 바람은 악마의 재채기이며, 강한 바람은 여자들을 임신시킨다는 미신이 있다.

194 "성 미겔": 9월 29일 축제에는 그라나다의 알바이신에서 플라멩코의 성지가 있는 사크로몬테 산 꼭대기에 있는 성 미겔 암좌까지 순례 행진이 있었다.

200 "안토니토": 캄보리오가의 안토니토는 로르카가 이미 「경악」이라는 작품에서 소재로 다루었듯, 어느 날 밤 술에 취해 말 타고 가다 낙상하여 죽은 집시를 말한다. 이상하게도 그 집시는 자신의 칼에 찔려 죽어 있었다 한다. 여기 이 안토니토는 용기의 상징 집시의 죽음을 보여 주는 허구적 인물. 시인 로르카는 여러 면에서 집시의 전형을 칭송했다. 전형적 집시 가인(歌人)은, "돈밖에 없는 졸부들에게 자신의 천 년의 목소리를 팔지 않기 위하여 차라리 굶어 죽었다"는 것이 로르카의 말이다.

204 "페데리코 가르시아": 로르카는 최초로 자신을 자신의 시 속에 등장

시키다

211 "뉴욕에 온 시인" : 이 시집의 시들은 시인이 컬럼비아 대학 학생으로 뉴욕에 살던 1929~1930년 사이에 쓴 것들이다.

274 "두 편의 송가" : 여기에는 그중 한 편만 번역했다.

289 "수이테 시집" : 시집 형태로 출판된 것은 위에 적은 창작 연대보다 훨씬 뒤의 일이다. 안드레 벨라미치는 로르카가 '수이테'라는 이름으로 창작하기 시작한 것이 1920년, 출판 결정이 내려진 것은 1927년으로 본다. 원본과 해설 참조. *Federico García Lorca : Suites, Edición crítica de André Belamich* (Barcelona : Ariel, 1983).

317 "가셀라" : gacela. 페르시아 시에서 짧은 사랑의 시를 말한다.

332 "카시다" : casida. '가셀라'보다 긴 아랍어 정형시.

아이와 사랑과 죽음의 슬픈 변주곡

— 로르카의 한(恨)의 시 세계

민용태(고려대 명예 교수)

로르카의 시와 연극은 우리나라에도 많이 소개되었다. 시의 번역은 물론 연극 「피의 결혼」도 여러 번 무대에 올랐고, 「예르마」와 「베르나르다 알바의 집」도 공연되었다. 「피의 결혼」의 경우는 직접 스페인까지 가서 공연했다는 소식을 들었다. 그러나 그런 소식을 들을 때마다 로르카를 사랑하는 학자로서 걱정을 넘어선 공포를 느꼈던 것은 로르카가 스페인 시인이나 학자들에게도 '신비'에 가까운 어두운 면, 어려움이 있기 때문이다.

로르카의 시나 연극을 번역하여 공연한다는 것은 아무것도 모르는 종교 예배를 대신 치르겠다는 말처럼 황당할 때가 있다. 로르카가 그토록 중시하는 '안달루시아 한(恨)의 신(Duende andaluz)'이 대충 신들림을 내리는 그런 신(神)이 아니기 때문이다. 멀리는 그리스 크레타 섬의 생명의 신 '디오니소스 예배'(니체가 그토록 경망한)에서 안달루시아의 한의 예배가 왔다는 생각이 로르카의 견해이다. 투우나 플라멩코의 한(恨)은 디오니소스

축제의 양의 희생 같은 죽음의 축제 성격이 짙다. 로르카는 투우를 언급하면서 말한다:

마치 고전 세계의 진짜 신이 이 완벽한 축제(투우)에 모두 다 갑자기 몰려든 것 같다. 인간에게 가장 훌륭한 분노와 훌륭한 담력, 가장 훌륭한 울음을 발견하는 한 민족의 위대한 감성과 문화를 보여 주기 때문이다. 스페인 춤이나 투우를 보며 즐기는 사람은 아무도 없다. 안달루시아 한의 신이 살아 있는 형태의 이런 비극을 통하여 고통을 느끼게 한다. 그리고 우리를 에워싸고 있는 현실을 벗어난 해방으로의 계단을 마련해 준다.[1]

로르카는 시와 예술에서 안달루시아 땅의 정령, 한의 신과의 교감(comunicación íntima)을 중시한다. 로르카는 자신의 시작 행위에도 일종의 신들림 같은 무의식적 영감이 있었음을 고백한다. 그는 자신의 시 「악몽의 로맨스」에 대하여 이야기하면서 말한다:

이것은 안달루시아의 혼에 뿌리한 순수한 시작 행위입니다. 따라서 그 행위와 작품을 전달한 나 자신이라는 사람에게까지도 항상 빛이 변하고 다를 수 있지요. 지금 여러분들이 내가 왜 "수천 수만의 빛살인지 북소리인지/새벽을 찢고 있었다"라 했느냐고 물으신다면, 내

---

1 재인용. Federico García Lorca, *Poema del Cante Jondo, Romancero Gitano, Edición de Allen Josephs y Juan Caballlero* (México: REI, Letras Hispánicas, 1994), p.45.

내놓은 이딜 십니다. "내가 그때 선사들과 나무들의 손에서 식섭 그걸 보았습니다." 그러나 더 이상은 대답할 수가 없을 겁니다. 더더군다나 그 의미를 설명할 수는 없겠지요.[2]

로르카는 이상하리만큼 인기가 있었다. 특히 『집시 이야기 민요집』(1928)을 내고 스페인 국가 문학상을 받으면서부터 인기가 대폭발했다. 1936년 프랑코 측의 희생물이 된 로르카의 비극적 죽음은 그의 시를 미국은 물론 세계에서 가장 인기 있는 시인의 위치에 올려놓았다. 그러나 막상 로르카의 좋은 시들은 시인의 설명처럼 "설명할 수 없는" 신비로 가득 차 있었다.

로르카 자신도 자기를 "민요 시인, 집시 시인, 국민 시인"이라고 떠받들며 추앙하는 말에 당시에도 질렸던 것 같다. 소위 "쉬운 시인, 쉬운 사람" 취급하는 데 싫증이 났던지 한번은 자신이 그런 딴따라 시인도 아니고 '국민 시인'이라 부를 만큼 국수주의자도 아니라고 한다: "……저는 사실 못된 스페인 사람보다는 좋은 중국 사람을 더 좋아하는 사람이구먼요."

내가 오늘 로르카 시를 번역하게 된 것은 거의 반세기에 가까운 시인에 대한 사랑의 표현일 뿐이다.

---

2 같은 책, p.113.

1. 로르카의 시집과 비극적 죽음

　로르카의 작품집은 창작 연대와 출판 시기의 차이가 많다. 그가 23세 되던 1921년 『시 모음(*Libro de poemas*)』이 나오고, 1927년 말라가에서 『노래집(*Canciones*)』이 나온다. 그리고 곧바로 1928년 『집시 이야기 민요집(*Romancero gitano*)』이 나오면서 '국가 문학상'을 수상하고 유명해진다. 그사이 그는 1921년, 『칸테 혼도 시(*Poema del Cante Jondo*)』를 쓰고 『수이테 시집(*Suites*)』을 쓴다. 그러나 이들 시집들의 출판은 훨씬 뒤나, 죽은 (1936) 뒤에 이루어진다.

　생전의 주요한 다음 시집으로는 1936년, 『이그나시오 산체스 메히아스의 죽음을 애도하며(*Llanto por Ignacio Sánchez Mejías*)』와 죽은 뒤 1940년 멕시코에서 출간된 『뉴욕에 온 시인 (*Poeta en Nueva York*)』이 있다. 이들 시집의 창작 연대는 『이그나시오 산체스 메히아스의 죽음을 애도하며』가 1934년, 『뉴욕에 온 시인』이 1929년에서 1930년 사이 그가 미국에 있을 때이다. 그를 죽인 극우파와 프랑코 시대에는 물론 스페인에서는 그의 책을 출간할 수 없었다. 따라서 유작 『타마리트 시집(*Diván de Tamarit*)』도 1931~1935년 창작이지만, 1940년 아르헨티나의 수도 부에노스아이레스에서 출판된다.

　1898년에 태어나 1936년 사살당하기까지 로르카의 38년 생애는 맹렬한 문학 활동으로 점철되어 있다. 특히 그가 죽기 전 1930년경부터는 많은 연극을 쓰고 연출하여 대성공을 거두기도 한 인기의 절정기였다. 페데리코 가르시아 로르카의 인기와 우성이 그를 비극적 죽음으로 몰아간 직접적 동기였다. 내가 쓴 「시인 로르카의 죽음과 미궁」[3]에서는 자세하게 그 '미궁'을 파헤친다. 그때까지의 수많은 자료와 증언을 토대로 쓴 나의 연구에는 루이스 알론소라는 극우파 팔랑혜당 간부가 친구 시인 루이스 로살레스 집에 숨어 있던 로르카를 잡아갔다는 것이 밝혀져 있다. 로르카를 무고하게 '소련의 첩보원'이라는 죄목으로 잡아가면서 하는 말: "……그보다 글을 써서 우리에게 총보다 무서운 상처를 입힌 장본인이기 때문이야!"

로르카의 작품과 인기는 물론 공산주의자들과의 막역한 친분은 극우파들이 그를 자기들의 원수이며 좌익으로 몰 만큼 충분한 이유들이었다. 로르카는 공산당원은 아니었다. 그는 이데올로기 편향적이라기보다는 무정부주의자에 가까운 자유 신봉자였다. 그러나 그의 작품에는 극우파 프랑코에게 승리를 안겨 준 '민병대(guardia civil)'에 대한 혐오가 곳곳에 나타난다. 집시를 죽이는 것은 모두 이 원수 같은 민병 대원들이다. 물론 집시들이 도둑이나 밀수범들인 탓도 있지만, 「악몽의 로맨스」에서도 집시 애인을 죽이러 온 것이 바로 이들 "술 취한 민병대 몇 명"이고, 자기 죽음의 예언 같은 「캄보리오가 안토니토의 죽음」에서도 '민병 대원'이 로르카의 친구를 죽이려고 온다:

---

3 『서·중남미 문학론』(전예원, 1989), p. 138~153.

이제 너는 죽게 될 것이니,

성모 마리아를 기억하라.

아, 페데리코 가르시아,

민병대를 불러 다오!

이렇게 나오니 민병대와 극우파 팔랑헤당이 로르카를 원수로 생각할 수밖에 없었다. 하지만 그보다 더 큰 문제는 로르카가 당시 '인민 전선'을 주도한 공산당 지도자 시인 라파엘 알베르티의 절친한 친구라는 사실. 거기에 칠레의 시인인 공산주의자 파블로 네루다에게 바치는 시도 있을 정도. 그뿐만 아니라 당시의 모든 지성들이 그러했듯이, 집시를 비롯해 모든 가난한 자와 약자 편에 있었던 로르카의 태도가 그를 틀림없는 공산주의자나 소련 스파이로 몰기에 안성맞춤이었다.

1936년 여름, 로르카는 죽음의 그림자가 자기 주위를 맴돌고 있음을 직감적으로 알아차렸다. 폭동에 성공한 극우파 무리들이 다짜고짜 사람들을 죽이고 다녔기 때문이었다. 더구나 공화국 대통령을 도와 반나치 선언을 했던 당시의 지성들과 친밀한 교분을 유지하던 로르카인지라 더욱 주목 대상이 될 수밖에 없었다. 그는 신변 가까이 죽음의 위협을 느끼자, "등잔 밑이 어둡다"는 격언을 따라 극우파 친구 루이스 로살레스 집에 숨어 있기로 작정했다. 그러나 그것도 얼마 가지 못해 8월 16일 오후, 그는 친구 집에서 체포되어, 19일 밤에 총살당했다. 그의 시에는 자신의 죽음을 예감한 많은 시들이 메아리친다:

뇨미닝

내가 죽거든,
나를 나의 기타와 함께
모래 아래 묻어 주오.

내가 죽거든,
박하와 오렌지 밭 사이
내가 죽거든.

내가 죽거든
마음 내키면 그냥
풍향계 속에 묻어 주오.

내가 죽거든!(「플라멩코 삽화들」에서)

2. 아이의 영원한 죽음

로르카의 죽음은 한 어린아이의 죽음이었다. 나이는 서른여덟이었지만, 그가 가장 사랑하고 가장 아파한 것은 순수와 자연과 아름다움의 죽음, 즉 아이의 죽음이었다. 로르카는 첫 시집부터 동화의 세계, 도마뱀이나 거북, 곤충의 세계를 많이 다루었다. 아이들 이야기를 많이 다루고 또한 동시를 수없이 많이 썼다. 그만큼 로르카는 어린 시절을 순수와 아름다움의 모델로 살아온 시인이다. 따라서 그의 죽음에 관한 시는 반드시 아이의 이미지를 동반한다.

그는 「묘비명」과 똑같은 죽음의 시에서 이렇게 노래한다:

이별

　　　내가 죽거들랑,
발코니를 열어 두오.

　　　아이가 오렌지를 먹고 있네.
(내 발코니에서 그게 보이네.)

　　　농부가 밀을 베고 있네.
(내 발코니에서 그걸 느끼네.)

　　　내가 죽거들랑,
발코니를 열어 두오!

위 두 시에서는 죽음과 오렌지와 아이가 공통분모이다. "풍향계나 바람개비 속에서 죽는 사람"이 어린아이밖에 더 있겠는가. 그래서 로르카의 죽음은 두 배 더 슬프다. 로르카를 드라마틱한 비의 시인이라고 한 것은 그가 어린애로서 죽기 때문이다. 세상을 살아 보지도 못하고, 세상을 살아도 아픔만 보고, 고독과 우울 속에 그나마 불의의 죽음을 맞은 것은 두 번 아프다. 그러나 그 아픔은 그렇게 죽지 않았으면 아프지 않을 수 있는 아픔이기 이전에, 인간의 삶이 향한 실존적 한계인 오염과 타락과 죽음이기 때문에 더욱 뼛속 깊이 슬픈 것. 생명성과 순수가 가장 왕성할 때가 오렌지 나이, 어린 시절이다. "아이가 오렌지를 먹고 있는" 모습이 죽으면서도 보고 싶다, 로르카는.

「카시다 1: 물에 상처받은 아이」는 "아이의 죽음"이 신비의 물살 아래서의 세례식 같다. 알람브라 궁전의 물소리를 들은 적이 있는가. 그것은 세월이 앗아 가 버린 아직 때 묻지 않은 아름다움과 고요의 소리이다. 세월의 물살에 깎여 나간 옛 아이의 고통도 죽음도 한없이 아름답다. 그래서 시인은 노래한다:

    (중략)

아이와 죽음의 고통은, 서로 마주 보는

하나로 이어진 두 줄의 파란 빗줄기였다.

아이는 땅바닥에 누웠다.

그리고 아이의 죽음의 고통은 굽이굽이 휘어져 내렸다.

      우물 속으로 내려가고 싶다.

나는 나의 죽음을 한 입 한 입 맛보며 죽고 싶다.

나는 나의 가슴을 이끼로 가득 채우고 싶다,

물에 상처받은 아이를 보기 위하여.

　시인이 뉴욕에 갔을 때도 그는 "우물 속에 빠져 죽은 소녀"를 만난다. '그라나다와 뉴버그'에서 만났다는 "죽은 소녀"는 물과 세월에 빠지고 갇혀서 영원히 다시 "흘러 나가지 못하는" 비극적 죽음의 소녀이다. 과거와 전설에 머물러 영원히 갇혀 있는 코르도바 제국의 옛 영광, 그라나다의 알람브라 정원의 물소리이다. 그것은 "너의 어린 시절, 그것은 이제 샘물이 들려주는 옛이야기"……. 그러나 그것은 일어나서 현재가 될 수 없는, "금강석"이나 "칼끝 같은 한계"이다:

　　그러나 아무도 어둠 속에서 너에게 거리를 줄 수는 없다,
　　너에게 주는 것은 오직 칼끝 같은 한계, 금강석 미래,
　　……흘러 나가지 않는.

　　예정된 고독과 뿌리들의 싸움을
　　받아들이는 물살들의 끝에서 너는 영원하다, 영원히
　　……흘러 나가지 못하는.(「미국 농군의 초막에서」에서)

3. 사랑과 죽음

아이가 사랑을 하면 어떻게 될까. 「엄마 찾아 3만 리」처럼 사람을 사랑하면 어떻게 될까. 오직 진실한 사랑만을 위해 사랑하면 어찌 될까. 결혼을 하거나 아이 낳을 생각을 안 하고, 피터팬처럼 항상 놀고 사랑만 하자면 어찌 될까. "흘러 나가지 않는…… 금강석 미래" 같은 사랑은 현실적으로 결국 죽음이다.

그것이 로미오와 줄리엣의 사랑처럼 현실적 장애로 맺어질 수 없는 사랑이어도 결론은 죽음이다. 만남과 그리움 속에 들숨과 날숨처럼 사랑이 숨 쉬고 살아간다면, 만남이 거세된 사랑은 그리움과 들숨만 있는 숨쉬기처럼 죽고 싶은 질식 상태를 유발한다. 말하자면 끝없이 죽고 싶은, 죽음에의 유혹 속에 살아간다는 것. 바그너의 트리스탄과 이졸데의 사랑도 근친상간의 유혹인지라 맺어질 수 없는 사랑이었다. 끝내 그리움 속에 질식하고 마는 비극적 결말이 그들의 사랑이 아니었던가. 진정한 사랑은 죽음의 유혹이 따른다는 무서운 진실이 이처럼 중세 문학에는 전통으로 남아 있다. 특히 '궁중 소설'에서 사랑의 의미는 감정의 달아오름을 말할 뿐 결혼이라는 해피 엔딩으로 해결을 제시하지 않았다. 따라서 중세의 사랑은 모두 고뇌요 싸움, 갈등이요 죽음의 유혹이었다.

로르카도 「진심이다」에서 이런 사랑의 아픔을 체험한다:

진실한 사랑으로 너를 사랑한다는 것이
아, 이토록 힘이 들까!

너를 향한 사랑 때문에 마음이 아프다,

가슴이 아프다,

모자가 아프다.

사랑 때문에 가슴뿐만 아니라 모자까지 아프면 참으로 아픈 게 아닐까. 하지만 그 사랑이 「피의 결혼」에서처럼 현실적 결혼이나 자식 낳고 가정 이루기로 나아가지 않는다면 결국 이별이나 죽음 밖에 "흘러 나갈" 길이 없다. 그러나 지극한 사랑은 사랑만을 원한다. 그런 사랑은 결혼이나 가정을 원하지 않는 불길 같은 바람일 수도 있다. 신부의 애인 레오나르도의 사랑처럼. 사랑이 불이라면 가정은 물이다. 지극한 사랑은 불이 물에 닿으면 꺼진다고 느낀다.

우리는 사랑을 장미에 비유한다. 그러나 장미는 불과 물의 결합이 아니다. 로르카는 「카시다 7: 장미」에서 장미가 "다른 것을 찾고 있었다"라고 말한다:

장미는

과학도 그림자도 찾는 게 아니었다:

꿈과 살의 경계에서,

장미는 다른 것을 찾고 있었다.

장미는

장미를 찾는 게 아니었다:

꿈쩍 않고 하늘 어딘가에서

다른 것을 찾고 있었다.

　그렇다면 장미가 찾는 그 "다른 것"은 무엇일까. 그것은 탄트리
즘(밀교)이나 순수한 에로티시즘이 찾는 사랑만을 위한 사랑이
다. 성이 쾌락과 생식을 동시에 의미한다면 오직 쾌락만의 성, 오
직 사랑만을 위한 사랑 행위가 순수한 에로티시즘이다. 어쩌면 여
기서 장미가 찾는 "다른 것"은 종교성에 가까운 신비스러운 에로
티시즘인지도 모른다.

　우리는 로르카가 동성애자였던 것을 안다. 물론 「부정한 유부
녀」에서 보듯 이성과의 접촉을 금기시한 동성애자는 아니다. 그
럼에도 불구하고 로르카의 사랑 지상주의, 에로티시즘 지상주의
는 의심할 나위가 없다. 이것을 그는 '안달루시아 땅의 한의 귀
신'으로 설명하기도 한다. 사실 안달루시아는 햇살과 하얀 회벽,
벽에 매달린 빨간 클로버 화분, 그리고 집 앞에 앉은 까만 옷의
과부들의 땅이다. 거기에는 집시와 투우, 투우사가 산다. 땅은 반
사막 기후. 비가 오지 않아 땅이 쩍쩍 벌어진다. 집시도 투우사도
안달루시아 땅도 안주나 생식과는 거리가 먼 것들. 다만 그 투우
의 생명성, 용기, 집시의 사랑이 참 아름답지 않은가. 로르카와
함께 안달루시아의 한은 에로티시즘 지상주의가 만든 비극이다.
여기에 우리 민족의 "한 5백 년 살자는데……"의 사랑의 한과 통
하는 데가 있다.

　로르카의 시에 나오는 안달루시아 여인들은 '예르마'를 비롯해

물 뿌리고 땅을 살찌우고 아이 낳고 싶고 싶어 하다 목말라 미친 여인들이다. 아니면 어떤 멋쟁이가 꼬드겨도 거들떠보지 않는 이상하리만큼 한스러운 여인들이다. 그러나 한결같이 그녀들의 마음속에 들어앉은 것은 안달루시아 한의 귀신, 즉 흘러 나갈 길 없는 지극한 사랑=죽음의 비극을 누구보다 몸으로 살고 있는 여인들이다:

세 명의 투우사가
허리 날씬한 투우사들이
지나갔네, 오렌지색 옷에
옛날 은 칼을 차고.

"세비야로 함께 가지, 아가씨."
아가씨는 못 들은 척하네.

오후가 보라색으로 변하고
햇빛이 희미해졌을 때,
한 젊은이가 지나갔네,
달 도금양 풀과 장미를 달고,

"그라나다로 함께 가지, 아가씨."
그러나 아가씨는 못 들은 척하네.

예쁜 얼굴의 아가씨
계속 올리브를 따네,
허리를 휘감싸는
잿빛 바람을 안고.

　　　나무야 나무야
파랗게 마른 나무야.(「나무야」에서)

판본 소개

먼저 '가르시아 로르카 시 선집'이라고 할까 하다가 그냥 '로르카 시 선집'으로 정한다. García Lorca가 성(姓)인 것은 분명하나 스페인어권에서도 '로르카 시체(estilo lorquiano)'라고 하지 구태여 '가르시아 로르카'를 고집하지는 않기 때문이다.

처음 제대로 된 『로르카 시 선집』을 만들까 하는 욕심에 비교적 믿을 만한 판본을 고르느라 고심했다.

첫 시집 『시 모음』은 *Libro de poemas* (Buenos Aires: Losada, 1983, novena edición)으로, 첫 장에 로르카의 시에 대한 의견(Gerardo Diego, *Poesía española contemporánea* 〔Madrid: Signos, 1932〕에서 따서 인용한)까지 실은 착실한 판본이다.

『노래집』은 *Canciones, 1921~1924, Edición crítica de Mario Hernández* (Madrid: Alianza Editorial, 1982)에서 뽑은 것이다.

『수이테 시집』은 *Suites, Edición crítica de André Belamich* (Barcelona: Ariel, 1983)에서 뽑아 번역한 것들이다.

『칸테 혼도의 시』와 『집시 이야기 민요집』은 *Poema del Cante Jondo, Romancero gitano, Edición de Allen Josephs y Juan Caballero* (México: Rei-México, 1994)에서 골라 번역했다. 연구와 해설까지 자세히 곁들인 믿을 만한 판본이다.

『뉴욕에 온 시인』은 *Poeta en Nueva York, Edición de Piero Menarini, Colección Austral* (Madrid: Espasa-Calpe, 1972, décimo-sexta edición, 15–III–1999)에서 뽑아 번역했다.

이 밖에 『타마리트 시집』 등 다른 시집들은 *Diván de Tamarit* (1931~1935), *Llanto por Ignacio Sánchez Mejías* (1934), *Sonetos* (1924~1936) (Madrid: Alianza Editorial, 1981)에서 골라 옮긴 것들. 이 책은 마드리드 자치 대학(Universidad Autónoma de Madrid) 교수이며 옮긴이와 마드리드 국립대 (Universidad Complutense de Madrid) 동기 동창 친구인 마리오 에르난데스(Mario Hernández) 박사에 의하여 편집, 해설된 것으로 믿을 만한 판본이다.

물론 원본에서 좋은 시들이 번역을 통해 반드시 좋은 시들이 될 수는 없다. 지나치게 집시의 가요 전통이나 안달루시아, 스페인의 역사, 전통에 말미암은 시들은 번역하면 아무것도 남지 않는 것들이 있다. 골라서 번역한 이유는 바로 우리말로 옮겨 시로서 향기를 유지할 수 있는 종자들을 선별하고자 함이었다.

페데리코 가르시아 로르카 연보

1898   스페인 남부 그라나다 근방의 마을 푸엔테 바케로스
        (Fuente Vaqueros)에서 그곳 초등학교 여교사인 어머니
        와 부자 농군인 아버지 사이에서 태어남. 여덟 살 때까지
        아버지의 농장이 있는 시골에서 살았음.

1906   그라나다로 옮겨, 초등학교·중고등학교를 거기서 나오
        고, 그라나다 대학 문과를 다님. 이때 시를 쓰기 시작함.
        동시에 피아노를 열심히 배움. 음악가 마누엘 데 파야에
        게 기타와 피아노와 음악을 배움. 그러나 곧 피아니스트
        의 꿈을 버리고 시에 전념하게 됨(~1918).

1918   최초의 수필집 『풍경과 인상들(Impresiones y paisajes)』
        을 출간. 시적인 산문과 여행기가 적힌 책.

1919   마드리드에서 대학 공부를 계속. 당시 유럽 선진국에 버
        금가는 신교육을 목표로 한 교육과 문화 활동의 본거지
        인 학생 기숙사(Residencia de estudiantes)에 들어감.

그곳에서 초현실주의 화가 살바도르 달리를 알게 됨. 시인 에밀리오 프라도스, 호세 모레노 비야를 만남.

1920   최초의 극작품 「나비의 저주(Maleficio de la mariposa)」를 무대에 올림. 엄청난 실패.

1921   첫 시집 『시 모음(*Libro de poemas*)』 출간.

1927   시집 『노래집(*Canciones*)』 출간. 극작품 「마리아나 피네다(Mariana Pineda)」가 마드리드와 바르셀로나에서 공연되어 대성공을 거둠.

1928   시집 『집시 이야기 민요집(*Romancero gitano*)』 출간. 이 시집으로 스페인 국가 문학상(Premio nacional de poesia)을 받음. 대단히 유명해짐.

1929   첫 미국 여행. 그라나다 대학 시절 은사인 페르난도 데 로스 리오스와 동행. 『뉴욕에 온 시인(*Poeta en Nueva York*)』을 씀. 출간은 사후인 1940년 멕시코에서 이루어짐.

1930   미국에서 짧은 소극 「훌륭한 구두장이 여자(La zapatera prodigiosa)」를 씀. 쿠바에서 많은 강연과 시 낭독. 극작품 「청중(El público)」, 「5년이 지나자마자(Así que pasen cinco años)」를 씀.

1931   스페인 공화국이 수립되자 라 바라카(La barraca)라는 극단을 만듦.

1932   자신의 극단과 함께 세르반테스의 극작부터 고전극들을 공연하며 스페인 전국을 순회(~1936).

1933   「피의 결혼(Bodas de sangre)」 공연이 대성공을 거둠.

「돈 페리플린의 사랑(Amor de don Periplín)」, 「자기 정원에 있는 벨리사(Belisa en su jardín)」를 공연. 9월, 부에노스아이레스로 여행(~1934). 시 낭송, 강연, 연극 공연으로 대성공을 거둠.

1934 시집 『이그나시오 산체스 메히아스의 죽음을 애도하며 (*Llanto por Ignacio Sánchez Mejías*)』를 씀. 희곡 「예르마(Yerma)」가 공연되어 대성공을 거둠.

1936 「훌륭한 구두장이 여자」가 공연됨. 희곡 「베르나르다 알바의 집(La casa de Bernarda Alba)」을 씀. 7월 마드리드의 정세가 심상치 않아 고향 그라나다에서 여름을 나기 위해 내려감. 사흘 뒤 내란이 터짐. 8월 16일 체포됨. '소련 스파이'라는 허황된 죄명이었음. 8월 19일 새벽, 그라나다 근교의 비스나르에서 총살됨.

새롭게 을유세계문학선집을 펴내며

을유문화사는 이미 지난 1959년부터 국내 최초로 세계문학전집을 출간한 바 있습니다. 이번에 을유세계문학전집을 완전히 새롭게 마련하게 된 것은 우리가 직면한 문화적 상황에 적극적으로 대응하기 위해서입니다. 새로운 을유세계문학전집은 세계문학의 역할이 그 어느 때보다 중요해졌다는 인식에서 출발했습니다. 오늘날 세계에서 타자에 대한 이해는 우리의 안전과 행복에 직결되고 있습니다. 세계문학은 지구상의 다양한 문화들이 평등하게 소통하고, 이질적인 구성원들이 평화롭게 공존할 수 있는 문화적인 힘을 길러 줍니다.

을유세계문학전집은 세계문학을 통해 우리가 이런 힘을 길러 나가야 한다는 믿음으로 만들어졌습니다. 지난 5년간 이를 준비하기 위해 많은 노력을 기울였습니다. 세계 각국의 다양한 삶의 방식과 문화적 성취가 살아 있는 작품들, 새로운 번역이 필요한 고전들과 새롭게 소개해야 할 우리 시대의 작품들을 선정했습니다. 우리나라 최고의 역자들이 이들 작품 속 한 문장 한 문장의 숨결을 생생히 전하기 위해 심혈을 기울였습니다. 또한 역자들은 단순히 번역만 한 것이 아니라 다른 작품의 번역을 꼼꼼히 검토해 주었습니다. 을유세계문학전집은 번역된 작품 하나하나가 정본(定本)으로 인정받고 대우받을 수 있도록 최선을 다했습니다. 세계문학이 여러 경계를 넘어 우리 사회 안에서 주어진 소임을 하게 되기를 바라며 을유세계문학전집을 내놓습니다.

을유세계문학전집 편집위원단(가나다 순)
김월회(서울대 중문과 교수)
박종소(서울대 노문과 교수)
손영주(서울대 영문과 교수)
신정환(한국외대 스페인어통번역학과 교수)
정지용(성균관대 프랑스어문학과 교수)
최윤영(서울대 독문과 교수)